TROUVER SA VOIX ET FAIRE SON CHEMIN

Virginia Servaes

TROUVER SA VOIX ET FAIRE SON CHEMIN

Coaching vocal pour se faire entendre, prendre sa place et affirmer sa personnalité

EYROLLES

Groupe Eyrolles
61, bd Saint-Germain
75240 Paris Cedex 05
www.editions-eyrolles.com

Écouter les fichiers audio de cet ouvrage

Repérez tout d'abord les codes QR : il s'agit de codes-barres à deux dimensions permettant d'accéder à un fichier audio *via* un Smartphone, simplement en les photographiant. Pour lire les codes QR, il vous suffit de télécharger une application dédiée (MobileTag par exemple) et de passer votre Smartphone sur le code QR lorsque l'application est lancée. Vous serez alors automatiquement redirigé vers le fichier audio choisi. Un code QR en fin d'ouvrage vous permettra d'accéder à l'ensemble des fichiers audio du livre.

Enregistrement des pistes : Studio HBS - 29, rue des Petites Écuries - 75010 Paris
Ingénieur du son : Frédéric Cormier
https://www.studiohbs.com

Site de l'auteur : Virginie Servaes Consulting - www.vsc-consulting.com

Mise en pages : Istria

ISBN : 978-2-212-56799-1

À mes professeurs de chant, qui m'ont appris à révéler ma voix et qui m'ont aidée à m'engager sur mon chemin d'artiste et de coach vocal. Anne, Arlène, Julia, Sarah, François, Christian A., Christian C. successivement, vos encouragements, vos regards bienveillants, votre professionnalisme sont les héritages précieux que je tente fidèlement, en y ajoutant désormais ma petite touche singulière, de transmettre depuis plus de 17 ans.
Merci.

SOMMAIRE

INTRODUCTION

Aux États-Unis, le coaching est un véritable partenaire de la vie quotidienne. En France, il commence à emprunter ce chemin et tend à se développer aussi bien dans la sphère professionnelle que dans la vie privée. Il se spécialise, se professionnalise et s'étend à des champs de plus en plus circonscrits.

L'un d'entre eux, le coaching vocal individuel, est reconnu aujourd'hui comme une vraie expertise qui trouve son application en entreprise et dans la vie personnelle.

Avez-vous conscience du pouvoir de votre voix, cette onde sonore qui vous permet d'affirmer votre singularité, votre différence et votre personnalité, mais également d'influencer fortement le cerveau de votre interlocuteur ? Alors que les mots, les arguments et le discours vont impacter l'aspect intellectuel de vos relations à autrui, la voix, le langage corporel et le débit vont, quant à eux, avoir un effet direct sur le répertoire émotionnel de vos interlocuteurs et vous permettre d'interpeller et de capter de manière infaillible leur intérêt et leur attention.

Mais au-delà de ce qu'elle représente en tant qu'outil relationnel, la maîtrise de sa voix est un formidable vecteur de bien-être, d'épanouissement et de conscience de soi qui vous permettra de gagner en liberté !

Cet ouvrage a pour vocation de vous aider et de vous guider sur cette « voie ». Je me propose de mettre à votre disposition un jeu de clés indispensables pour découvrir et comprendre comment développer votre personnalité vocale.

Après avoir abordé la dimension théorique du coaching vocal et ce qui « fait » une voix, vous apprendrez à mieux appréhender ces deux incontournables que sont la respiration et l'écoute. Ce faisant, vous ferez l'apprentissage de votre voix et l'apprivoiserez de sorte à la muer en vecteur de bien-être. Prendre du plaisir à chanter, à vous exprimer et à gérer vos émotions sera à la fois un marqueur et un indicateur de cet apprentissage. Vous inviter à sortir de votre zone de confort dans la plus grande bienveillance, à votre rythme et selon vos envies, sera le fil rouge de la méthode pour y parvenir.

Les bénéfices escomptés sont de taille :

- confiance en soi ;
- bien-être ;
- challenge.

Un coaching vocal va du balbutiement à l'explosion, pour atteindre le firmament…

Cet ouvrage, qui se veut foisonnant et stimulant, mêle théorie et pratique, suivant en cela une méthodologie particulière, forgée, éprouvée, et invariablement confortée au fil des ans et des accompagnements. Les différents cas pratiques exposés vous montreront concrètement les étapes d'un coaching vocal destiné à optimiser votre potentiel et à apporter de la valeur ajoutée à toutes vos communications.

Tout au long de l'ouvrage, des exercices vous seront proposés.

Pratique, résolument positif et étayé de nombreux cas et témoignages, ce livre est destiné à toute personne qui n'est pas à l'aise avec sa voix, qui n'ose pas s'exprimer en groupe, en public – que cela soit au travail ou avec des amis –, ou encore qui a toujours rêvé de chanter mais n'a jamais osé. Mais il s'adresse aussi à toute personne désireuse de vivre une « parenthèse inattendue », à la découverte d'elle-même de façon originale, de prendre conscience de sa valeur et, à l'image d'un interprète qui s'essaie à un nouveau morceau, d'exprimer et/ou de chanter la partition de sa vie.

Cet ouvrage ne prétend pas à l'exhaustivité totale sur la question de la voix, mais, à l'instar de tout écrit sur le sujet, il se veut un éclairage particulier et, je l'espère, un guide fiable et précieux. Ainsi, les méthodes décrites dans ce livre me sont propres : elles sont le fruit de mon expérience.

Chaque plume est riche de son expertise singulière. À mon tour de vous livrer ici mon interprétation.

PARTIE 1

UN COACHING VOCAL POUR SE FAIRE ENTENDRE

Le coaching vocal est une autre façon de voyager à la découverte de nouveaux horizons, inspirés et guidés que nous sommes par nos désirs de changement et d'évolution.

Qu'il se déroule dans un cadre individuel ou collectif, les changements accomplis sont toujours considérables et ma joie est invariablement intense de constater l'ampleur des ressources souvent insoupçonnées que chaque « voix » recèle en elle.

Comme on le fait avec tout instrument de musique, la voix s'apprend et s'accorde.

Mieux on apprendra à en connaître les subtilités, les nuances et à en maîtriser les contours, plus harmonieuses seront les notes de vie qui s'en échapperont. Réunies en partitions originales, elles interprètent une symphonie singulière : la nôtre.

Ainsi, à l'infini, au cours de nos vies professionnelle et personnelle, quantité de musiques peuvent s'écrire, se jouer, évoluer à nos rythmes, qu'elles soient parlées ou chantées…

CHAPITRE 1

LE COACHING VOCAL : UNE HISTOIRE DE RENCONTRE ET D'ACCORDS

« Nous sommes tous utilisateurs de notre voix, certains plus que d'autres… »

Au programme :

- **Qu'est-ce qu'un coaching vocal ?**
- **Tout est au commencement**
- **La voix dans tous ses états**

Qu'est-ce qu'un coaching vocal ?

Avant de définir ce qu'est le coaching vocal, nous allons d'abord voir ce qu'est le coaching d'un point de vue général.

Définition du coaching

Voici la définition du coaching selon l'association International Coaching Federation (ICF France) :

« Le coaching professionnel se définit comme une relation suivie dans une période définie qui permet au client d'obtenir des résultats concrets et mesurables dans sa vie professionnelle et personnelle.

À travers le processus de coaching, le client approfondit ses connaissances et améliore ses performances.

Le coaching peut se pratiquer en séances de face-à-face, au téléphone ou en séances collectives, voire dans un lieu spécifique (coaching sportif). Ces séances peuvent être assorties d'échanges écrits par courrier ou par e-mail.

Le coaching peut être utilisé parallèlement à un travail de psychothérapie mais il ne saurait s'y substituer[1]. »

ICF Québec précise :

« Pour beaucoup de personnes, le coaching est une expérience qui change leur vie et qui améliore significativement leur perspective sur leur travail et leur vie, tout en améliorant leurs habiletés de leadership. Le coaching aide les gens à puiser dans leur potentiel, libérant les sources de créativité et de productivité jusque-là insoupçonnées[2]. »

À titre informatif, le coaching n'est pas :

- de la consultation. Le consultant évalue les pratiques d'une compagnie. Le coaching est un processus de découverte dans lequel les clients sont amenés à trouver des solutions en eux, en plus d'être responsables de les mettre en œuvre ;
- de la thérapie. Le coaching est orienté vers l'avenir alors que la thérapie s'intéresse davantage aux douleurs du passé et aux défis actuels. Si l'aboutissement naturel du coaching peut aussi être un état émotionnel positif et optimisé, l'objectif

1. www.coachfederation.fr/index.php/je-veux-devenir-coach/qu-est-ce-que-le-coaching
2. http://icfquebec.org/img/client/page_web/pdf/Besoin_de_coaching_nov_2013.pdf

premier sera de générer des stratégies qui peuvent être mises en pratique pour atteindre des buts spécifiques ;

- de la formation. La formation est fondée sur certains objectifs d'apprentissage formulés dans un programme, alors que le coaching n'est pas prédéterminé ;
- du mentorat. Il peut arriver que certains coachs fassent du mentorat dans un rôle de coach-mentor, mais en règle générale les coachs ne mentorent pas ceux qu'ils coachent.

Définition du coaching vocal

À ce jour, la notion de coaching vocal est encore très peu, voire quasiment pas définie dans la littérature.

Définitions répandues

Voici, en substance, ce que l'on peut trouver comme définitions usuelles les plus répandues :

« *Un coach vocal peut vous aider à trouver votre voix et à reprendre confiance en vous. Il peut vous aider à perfectionner votre voix et à gérer votre stress. Un coach vocal enseigne la maîtrise de la respiration, la relaxation et des techniques vocales pour poser sa voix et être plus sûr de soi*[3]. »

« *Il s'agit d'un parcours personnalisé pour reprendre confiance dans sa voix. Tous les aspects de l'outil vocal sont travaillés lors d'une séance de coaching [pour] parvenir à un discours fluide capable de séduire un auditoire sans fatigue et sans stress. Le coaching vocal peut servir également à préparer et à s'entraîner à une prise de parole en public, à préparer un entretien d'embauche, des examens oraux, un casting*[4]... »

3. www.gralon.net/articles/enseignement-et-formation/cours/article-quel-est-le-role-d-un-coach-vocal--3670.htm

4. Danièle Dahan, coach vocal : http://ddlcoachvocal.fr/definition/

Ma définition

Le coaching vocal tel que je le conçois et le pratique depuis plusieurs années est le résultat d'une alchimie, le fruit de l'ensemble de mes apprentissages : une expérience que j'ai affinée au fil du temps, forgée à partir des enseignements que j'ai acquis en master de business coaching et lors de mes études de psychologie et de psychophonie, mais également dans la pratique professionnelle de la voix off et du chant.

Le coaching vocal met l'accent sur deux axes :

- le changement centré sur la gestion d'éléments extérieurs à la personne, c'est-à-dire tout ce qui est visible : la transformation de ses comportements apparents, l'obtention de résultats immédiats en réponse à ce qui est demandé par un tiers, par exemple dans le cadre de l'entreprise.
- un accompagnement qui passe par un rééquilibrage des attitudes et du cadre de référence pour déboucher sur davantage de savoir-être, d'autonomie et de confiance en soi.

Dans tous les cas, le coach vocal évaluera avec son coaché la nature, l'étendue et l'orientation attendues par ce dernier dans son accompagnement.

Le coaching vocal, c'est surtout :

- une histoire de rencontre, d'accords avec soi et avec le coach ;
- une histoire d'ancrage et d'équilibre ;
- une histoire d'exigence et de bienveillance.

Tout est au commencement

Qu'est-ce qui déclenche un besoin de coaching vocal ?

Dans un cadre professionnel

Le besoin peut émerger à la suite d'un entretien avec votre DRH ou avec un accompagnateur des hauts potentiels. Le besoin d'un coaching vocal peut être identifié comme essentiel lors d'une prise de poste qui vous exposera plus fréquemment aux prises de parole en public, qui vont bien au-delà de simples réunions d'équipe.

Haut potentiel

Un haut potentiel est une personne qui, par son profil ou par ses performances, pourrait à l'avenir apporter une grande valeur à l'entreprise et que cette dernière forme afin que le haut potentiel puisse développer toutes ses capacités.

Bien souvent, le prescripteur vise des enjeux beaucoup plus importants et souhaite que le futur coaché monte en puissance dans ses interventions : face à un public de pairs, face à un effectif conséquent de plusieurs centaines de personnes, face à des acteurs tels que des préfets, les médias, des ministres, des présidents de groupe, pour défendre des dossiers de plusieurs millions d'euros ou bien pour mieux gérer des situations de crise.

Dans un cadre personnel

C'est bien souvent notre petite voix intérieure qui se manifeste, qui dit « stop, on passe à autre chose », après une situation particulièrement déstabilisante face à laquelle on n'a pas eu l'aplomb ou l'assurance de s'exprimer à bon escient, ou encore à la suite d'une réflexion qui nous a anéanti… Ce besoin peut également être déclenché par une volonté de trouver sa place ou de retrouver sa place, de changer de cap, lorsque l'on se pose des questions existentielles dans des moments difficiles de notre vie (perte d'emploi, divorce...), lorsque l'on cherche sa voie/voix.

Souffler, s'asseoir à la croisée des chemins afin de déterminer lequel nous allons suivre, prendre le temps de cette réflexion devient alors essentiel, voire, dans certaines situations, peut se révéler l'expression d'un véritable instinct de survie.

C'est un moment de pause qui s'impose pour soi en s'écoutant, en se challengeant différemment, pas dans un cadre thérapeutique, mais dans un dispositif qui permette de se connecter à soi en ayant des résultats rapides. Un peu comme ces notes que l'on joue à la sortie d'un premier cours de piano, qui sonnent joliment et nous donnent satisfaction.

Cet accompagnement se fait et s'enclenche parce que nous sommes prêt à franchir une passerelle et à nous regarder « en vrai » et sans fard ! Le miroir vocal nous renverra ce qui est « bancal » dans notre intégralité, à savoir le corps, le cœur, l'émotionnel, l'esprit, intérieur et extérieur. Donner de la voix, ce n'est pas rien, cela nous met dans le plus grand dénuement, ne permet aucun détour, aucune triche ou dissimulation ! Ce travail vocal fait émerger la partie immergée de l'iceberg en chacun de nous et nous pousse à aller plus loin.

C'est aussi oser pousser la porte d'un lieu pour enfin apprendre à chanter, voir si l'on a une voix, s'autoriser à la sortir !

À qui s'adresse le coaching vocal ?

J'ai été amenée à rencontrer des personnes exerçant des métiers variés et venant pour des raisons totalement différentes. Voici quelques exemples.

- Laura, aide à domicile : « Apprendre à chanter, gérer le stress. »

- Capucine, étudiante : « Trouver un peu plus confiance en moi, oser m'adresser à un groupe de personnes sans perdre mes moyens. »
- Marie-José, formatrice : « Doublage d'un webinaire avec "ma co-formatrice" avec confiance, poser ma voix. »
- Louis, directeur : « Une meilleure maîtrise de ma voix notamment lors de présentations ou de rencontres importantes et une connaissance de différentes bonnes pratiques pour bien se préparer aux rendez-vous ou aux interventions importants. »
- Jean-Paul, directeur : « Trouver des exercices qui permettent de placer la voix, qui donnent dès la première phrase de l'assurance, la puissance vocale et par conséquent l'écoute immédiate de l'auditoire. »
- Marie-France, responsable : « Accompagnement vers un poste de cadre dirigeant. »
- Émilie, directrice marketing : « En recherche d'emploi, un coaching vocal pour optimiser les entretiens. »
- Julien, directeur adjoint : « Accompagnement à la prise de parole. »
- Maddy, directrice des opérations dans le secteur bancaire : « M'accompagner dans la préparation de mes interventions en public et plus précisément auprès de la communauté des managers de proximité. »
- Bruno, cadre dirigeant dans les services financiers : « Apprendre à poser ma voix, à mieux gérer mon élocution et mes intonations et à canaliser d'éventuels stress pouvant se traduire dans la voix. »
- Valérie, directrice : « Une commande vocale sur proposition de ma direction. »
- Céline, scénariste (franco-américaine) : « Dépasser ma peur bleue de chanter. »

- Marion, directrice marketing/directrice digital : « Équilibrer vie professionnelle et vie personnelle. »
- Camille, cadre : « Être écoutée et comprise dans des situations de groupe. »

Comme le démontrent les exemples évoqués ci-dessus, tout le monde peut demander un coaching vocal : de la femme au foyer au commerçant ou au cadre dirigeant accompli ou en devenir, en passant par les personnes en recherche d'emploi, les étudiants, les artistes en herbe ou confirmés ; d'une manière générale, les curieux, les novices, les amateurs et les experts !

La force de ce type d'accompagnement réside notamment dans le fait qu'il ne concerne pas de catégorie sociale en particulier, pas plus que de tranches d'âges, ou de genre particulier non plus… et que le point commun à chacun est de faire ce pas inconnu vers soi-même.

La voix dans tous ses états

> « *Tout a une voix, tout a une histoire.*
> *Les histoires se cachent partout.* »
>
> Théodore Roszak[5]

Repérer ce qui cloche

Parce que la personne que l'on rencontre va nous exposer sa voix dans tous ses états – émotionnels, physiologiques, physiques –, il est important, dès le premier rendez-vous, de bien cerner l'histoire de cette voix. Cette première étape de compréhension ou d'établissement des objectifs et du pourquoi de cette

5. *Les Mémoires d'Elizabeth Frankenstein,* Le Cherche Midi, 2007.

démarche de coaching est déterminante. Il ne s'agit pas ici de jouer les devins mais de conjuguer en une synthèse cohérente et signifiante, extrêmement précieuse pour la suite, le récit du coaché et les quelques « signes » inconscients qu'un coach vocal expérimenté saura invariablement détecter.

Valérie, psychologue, formatrice, auteur et électron libre

« À cette période, toute jeune maman, j'étais dans un tumulte immense par rapport à ce grand bouleversement de ma vie... J'avais un besoin urgent de respirer en dehors de mon bébé/de la maison... Aussi, choisir l'atelier vocal (cela aurait pu être le tricot !), ce fut un heureux cadeau pour m'accorder un moment pour moi, respirer, chanter, faire entendre ma voix, sentir que j'existais encore en dehors de mon rôle de maman. »

Ce témoignage est fort courageux et puissant. Il démontre parfaitement ce que le travail sur la voix peut apporter dans des moments de vulnérabilité et de bouleversements. Les personnes ont parfois honte d'exprimer ce qu'elles traversent et de désirer penser à elles, de se mettre en avant sans culpabiliser.

Ce passage dans l'atelier vocal montre à quel point celui-ci peut contribuer en toute intimité et dans la bienveillance à la reconquête d'une estime de soi ébranlée.

Valérie, jeune maman à l'époque, a réellement besoin de se retrouver, d'occuper un espace à elle, ce qu'elle ne parvient pas à faire chez elle, à la maison, à ce moment-là de sa vie.

Elle peut s'autoriser ici à être entendue, « ré-entendue » d'elle-même, avant tout, en tant que femme, en tant qu'être humain et non uniquement en tant que « maman ». C'est son souhait le plus cher.

Elle peut explorer et renouer pleinement avec son identité vocale de femme à part entière, peut-être trop fréquemment mise en retrait par le passé. En effet, les voix qui ne s'expriment pas sont bien souvent des « voix empêchées » d'il y a longtemps...

Les voix du passé

Je ne compte plus les fois où j'ai entendu, en premier entretien, lorsque j'indique qu'au cours des prochaines séances des exercices issus de la technique vocale chantée seront proposés : « Oh là là, chanter ? Mais vous n'y pensez pas, je chante faux, d'ailleurs quand j'étais enfant en cours de chant et/ou musique, l'institutrice me mettait au fond de la classe, au dernier rang, en me demandant de faire le poisson... »

J'entends aussi régulièrement : « Chez moi, quand je chante, mes enfants/l'entourage proche m'intiment de stopper toute expression vocale, je leur casse les oreilles, ils se moquent... Même tout seul dans ma voiture, je n'ose pas chanter... »

Ou encore, sans même parler de vocaliser, c'est-à-dire de faire quelques gammes de notes chantées dans le cadre de l'échauffement de la voix : « À la maison, on n'avait pas le droit de parler sans que l'on y soit invité... et, croyez-moi, l'ordre était intimé d'un simple regard ! Alors, faire du chant... »

Sans chercher expressément à convoquer la Psychologie avec un grand « P » pour les décrypter, l'expérience montre que ces situations génèrent des frustrations énormes, des complexes, qui, la plupart du temps, se manifestent non seulement dans le registre de la « voix cachée » mais sont également traduits et repérables physiquement à travers des postures visibles dites « postures de la non-confiance en soi ».

Ces mises à l'épreuve du « Sois, mais tais-toi » influent sur nos expressions futures et se retrouvent plus tard dans nos comportements adultes.

C'est ce que mon dispositif doit permettre de mettre au jour pour détecter ce qui peut bloquer et pour être au plus juste dans l'accompagnement vocal que je vais proposer.

Il est important cependant de préciser que tous les coachés ne sont pas porteurs d'une fêlure et que, souvent, il s'agit de personnes « à l'aise dans leurs baskets » et qui veulent juste « se challenger ».

Et, pour la petite histoire, aujourd'hui, Valérie écrit, compose et interprète ses chansons.

Exercice 1 : Déterminer votre besoin de coaching vocal

- Quelle est votre activité professionnelle actuelle ?
- Où en êtes-vous de votre voix ? Quelles sont les difficultés que vous rencontrez lors d'une prise de parole en public ?
- Quel serait l'apport d'un coaching vocal dans le cadre de vos fonctions actuelles et/ou à titre personnel ?

L'essentiel à retenir

Le coaching vocal permet de mieux gérer les éléments extérieurs à nous et de rééquilibrer nos attitudes afin que nous nous sentions mieux, plus confiant.

Le coaching vocal peut être demandé dans un cadre professionnel (par un supérieur ou par le coaché lui-même) comme personnel. Le coaché arrive souvent avec une idée bien précise en tête mais, parfois, la demande consciente est accompagnée d'une demande inconsciente.

Pour enclencher un coaching vocal, écoutez votre petite voix intérieure. Car vous seul savez ce qui résonne juste pour vous et vous seul sentirez si vous êtes prêt et avez la curiosité de venir à la rencontre de vous-même.

CHAPITRE 2

LE COACHING VOCAL : UNE HISTOIRE D'ALLIANCE ET DE CONFIANCE

« Je crois aux signes, je crois au destin. Je crois que les gens ont, tous les jours, une possibilité de savoir quelle est la meilleure décision à prendre dans tout ce qu'ils font[6]. »

Paolo Coelho

Au programme :

- **Tout est écoute**
- **Objectif voix**
- **Acte et pacte**

Tout est écoute

Une fois que vous avez déterminé votre besoin d'un coaching vocal, un premier rendez-vous avec un coach s'impose.

6. Paulo Coelho, *Le Zahir*, Flammarion, 2005.

Première rencontre

Ce premier rendez-vous est celui de la rencontre « en vrai », celle qui va véritablement confirmer si le coaching vocal se met en place ou pas. Pour cela, écouter et observer attentivement le futur coaché se livrer est le rôle premier du coach vocal. Le coaché exprime son besoin et ses objectifs, ce qu'il attend de ce coaching vocal. Pour le coach, il permet de faire émerger un premier diagnostic qui servira de fil rouge à ce coaching vocal.

Françoise, manager

« Un des points que j'ai véritablement appréciés dans la démarche, c'est ton écoute attentive. Le fait que tu sois centrée sur la personne et sa problématique plus que sur sa voix. »

Le diagnostic vocal s'établit dans un premier temps de façon implicite avant d'être formalisé et exprimé.

Lors de ce premier entretien en face à face, agrémenté de petites friandises et d'une boisson, je m'applique dans un premier temps à créer les conditions d'une discussion bienveillante et « classique » de nature à faire diminuer l'appréhension que ressent souvent le coaché lors de cette première prise de contact. Ce faisant, afin de ne pas troubler davantage le coaché et de ne pas lui ajouter une pression supplémentaire, le coach veille, pour se forger une première opinion – déterminante pour la suite –, à observer et surtout à scruter attentivement la voix du coaché avec beaucoup de discrétion, sans que ce dernier s'aperçoive de ce premier « examen » dont il est l'objet.

Je rappelle que la voix touche le plus profond de notre « intime ».

Sans que le coaché le remarque, dans ce contexte d'entretien « naturel », le coach l'observe et surtout écoute sa voix. Il est à la recherche du « petit quelque chose » qui fait défaut et qui va orienter puis déterminer le premier exercice que le coach va lui proposer en fin de rendez-vous.

Et ce, à son grand étonnement, car souvent j'entends : « Déjà ? Ah, mais je pensais que l'on commencerait la prochaine fois ! » Cette crainte d'exécuter l'exercice démontre à quel point le coaché est peu enclin à livrer sa voix autrement que dans un dialogue. Alors que le coaché a déjà l'impression d'avoir dit beaucoup de choses sur lui, de s'être beaucoup livré et d'avoir atteint le point final de ce premier échange, voilà que le coach lui propose un exercice ! C'est à ce moment précis que se joue l'appréhension de devoir explorer et peut-être d'entendre sa voix pour la première fois, différemment de ce que l'on en connaît. Le passage « à l'acte » est un saut dans l'inconnu… Cela crée toujours un effet de surprise. Parler, on connaît. Par contre, les exercices avec sa voix, on ne connaît pas. Et là, le coaché vit à cet instant même ses premières frayeurs…

C'est pourquoi il est important que le coach ne lui indique pas d'emblée, au démarrage de la séance, qu'il va être observé… même s'il finit par le deviner.

En filigrane et à chaque instant, c'est la confiance réciproque qui doit s'instaurer.

Capucine, étudiante

« Le premier point qui m'a le plus aidé est sans hésiter le soutien, l'écoute permanents de Virginie. Je n'étais pas dans la meilleure période qui soit : manque de confiance, timidité extrême… Me rendre à ce coaching vocal pour échanger transformait ma journée. Je me souviens qu'à chaque fois que je sortais de chez elle, j'étais confiante et heureuse mais, au bout d'une semaine, j'avais comme besoin de recharger mes batteries. Après cette première phase d'écoute et d'échange sur mesure pour moi, j'ai pu passer à la suivante, c'est-à-dire celle où j'allais oser ma voix, donc oser les exercices vocaux. Ce fut un grand pas. »

Ce que l'on constate, en fin de parcours, c'est que le coaché acquiert à son tour cette capacité d'écoute. On peut dire qu'une passation a eu lieu, démontrant par là toute l'étendue du processus qui impacte de nombreux registres.

Nathalie, chef de projet

« J'ai gagné en force de conviction, développé mes capacités d'écoute et d'attention, ce qui est précieux dans mon domaine. »

Exercice 2 : Le déroulement de la colonne

Tenez-vous debout, les pieds écartés parallèles au bassin. Levez les bras au-dessus de votre tête, comme si vos mains voulaient toucher le plafond et se laisser tomber en avant. Vos genoux sont légèrement fléchis. Votre tête, vos épaules et vos bras sont relâchés. Vous avez la sensation d'être comme une poupée de chiffon.

Remontez doucement, vertèbre après vertèbre, la bouche légèrement entrouverte pour laisser passer l'air. Important : lors de la remontée, votre tête doit venir se positionner en dernier.

Répétez cet exercice une ou deux fois.

https://www.editions-eyrolles.com/go/trouver_sa_voix_piste01

Objectif voix

« L'objectif voix » se détermine lors de cette première séance de découverte.

Il est alors important que les coachés repartent avec une ou des clés pour s'engager sur le chemin de leur souhait vocal.

Définir l'accompagnement

La priorité est donnée ici à l'expression définie et la plus précise possible de ce que le coaché souhaite réellement atteindre. Souvent, pour le même coaché, plusieurs souhaits émergent.

Louis, directeur

« J'aimerais avoir une meilleure maîtrise de ma voix, notamment lors de présentations et/ou de rencontres importantes. Et, comme vous pouvez l'entendre, ma voix est abîmée. Des fois, elle part ! J'ai consulté un ORL, on ne peut pas y faire grand-chose ! Et ce que j'aimerais également faire avec vous à titre personnel, pour l'enregistrement en fin de parcours, c'est dédier une chanson à mon épouse. »

Jean-Paul, directeur

« J'aimerais que, dès la première phrase, l'assurance, la puissance vocale ait pour conséquence l'écoute immédiate de l'auditoire. »

Avant de déterminer quelle sera la priorité pour ce coaching qui démarre, il est primordial de s'assurer qu'une autre demande, non formulée, ne se dissimule pas derrière ce premier souhait exprimé ; une demande qui pourrait être d'ordre plus personnel mais qui se révèle en réalité en totale adéquation avec la demande initiale. En effet, la plupart du temps, si une autre demande émerge, elle va permettre d'expliciter et de dégager le blocage existant.

Prenons, par exemple, le cas d'Évelyne, directrice marketing. Au-delà de sa demande aisément formulée d'apporter de la valeur ajoutée à ses prises de parole en public, elle révèle au cours de la première séance d'autres désirs : « … *Écouter ma petite voix intérieure, ma voix intuitive et oser m'exprimer telle que je suis… Savoir dire non.* »

Il ne s'agit pas, bien entendu, de se livrer à une « psychothérapie express » du coaché, mais simplement d'être particulièrement attentif à l'ensemble de son discours : à ce sur quoi il insistera de manière assumée tout autant qu'à ce qu'il évoquera de manière plus timorée. En effet, ce dernier type de révélation, en apparence « secondaire », est important pour que le travail vocal soit efficace.

Si le coach ne tenait pas compte de ces éléments, il ne permettrait pas au coaché d'aller au-delà de sa voix et le coach maintiendrait alors ce que j'appelle une « voix de surface » – une voix « truquée », où tout semblerait parfait et lisse, mais qui manquerait d'authenticité ; une voix bien posée et bien parlée, mais qui ne serait en aucun cas une voix « profonde, vibrante », une voix de soi aux intonations généreuses de transmission, une voix qui vit.

Nous y gagnerions alors tout de même un semblant de mieux, mais le problème réel ne serait pas résolu.

Le coaching vocal doit faciliter l'accès à la source des blocages et des empêchements d'expression. Bien entendu, tout ne s'expliquera pas de manière précise d'un point de vue analytique et psychologique et il faudra accepter de ne pas tout comprendre, mais, au détour d'exercices ciblés, il sera possible de constater que des mécanismes parasites s'envolent.

Exercice 3 : La tête

Toujours debout, les pieds écartés parallèles au bassin, les bras le long du corps, les yeux clos, les épaules et les mâchoires sont relâchées.

Penchez la tête sur le côté, comme si elle allait se poser sur l'épaule. Dès que cela tire dans le cou, basculez de l'autre côté.

(Répétez cinq fois.)

Recentrez et baissez la tête vers l'avant, puis penchez-la vers l'arrière et restez quelques secondes le visage vers le plafond.

(Répétez quatre fois.)

Recentrez et tournez la tête sur le côté, comme si vous vouliez regarder par-dessus votre épaule, puis faites de même de l'autre côté.

(Répétez quatre fois.)

Terminez par des tours de tête (faites des cercles).

(Faites-le quatre fois de chaque côté.)

Cet exercice doit se faire très lentement. Arrêtez-vous si cela provoque des douleurs au niveau des cervicales.

https://www.editions-eyrolles.com/go/trouver_sa_voix_piste02

Quelle légitimité ?

Donner de la voix, c'est donner de soi et, de surcroît, « dans le plaisir ». C'est en tout cas cette autorisation que l'on va aller chercher.

Il arrive parfois, pour certains futurs coachés, que se pose une question qui revient souvent : celle de la légitimité à faire ce coaching vocal.

Légitimité personnelle

Céline, scénariste

« Ai-je le droit de faire ce coaching ? Cela coûte cher... Après tout, je pourrais continuer avec ma voix telle qu'elle est... C'est un engagement. Le plaisir de chanter, ce n'est finalement qu'un désir d'adolescente non assouvi ! Et puis, je ne vais pas y arriver... »

Pour ce qui concerne les personnes qui font la démarche à titre personnel, l'engagement est total, aussi bien au niveau du temps que des finances. De ce fait, les hésitations sont souvent particulièrement prégnantes. C'est en effet un choix crucial que l'on pose avec soi et/ou avec son conjoint (lorsque c'est le cas). Ce temps et cet argent que l'on s'autorise à s'accorder seront autant de temps et d'argent en moins pour sa tribu, ou pour un autre projet... Une fois que la décision d'y aller est prise, le sentiment de grande liberté ressenti face à ce pas franchi est, lui aussi, considérable, à la mesure des tergiversations initiales.

Légitimité professionnelle

À titre professionnel, c'est souvent un doute qui s'insinue : « Mon N+3 souhaite que je m'améliore dans mes prises de parole. Peut-être que je ne suis pas assez performant pour ce nouveau poste ? Il regrette sûrement son choix de m'avoir embauché ! Mais que veut-il dire précisément quand il me fait savoir que mes présentations ne sont pas suffisamment enlevées ? »

Du côté des professionnels, l'aspect financier n'entre pas du tout en jeu, car il est totalement pris en charge par leur entreprise. Pour autant, et même si elles revêtent une connotation moins « personnelle », les attentes et l'engagement du coaché sont tout aussi importants : il faut réussir à atteindre les objectifs attendus par l'entreprise, par les supérieurs... Le professionnel a, dans son esprit, le devoir de ne pas décevoir.

En ce qui me concerne, je m'applique dans ces cas-là à ramener le propos à une dimension plus positive et plus valorisante. J'insiste sur cette chance qui leur est offerte et qui leur permet, outre d'avancer dans leur champ professionnel, de progresser également sur des objectifs qui relèvent aussi de la sphère personnelle, les deux étant immanquablement liés. Je n'aurai de cesse de leur faire comprendre, pendant toute la durée du coaching, qu'il n'y a pas de notation à la fin, pas d'interrogation orale. L'objectif premier est qu'ils se sentent mieux.

L'origine des blocages de la voix

Dans un second temps, une dimension supplémentaire, toujours liée à la question de la légitimité – cette fois-ci abordée à travers un prisme encore plus introspectif –, peut se révéler en cours de travail, au fil des séances effectuées. C'est la question relative à l'origine des blocages de la voix.

Prenons l'exemple de Marine, directrice d'une TPE de 8 salariés dans le secteur du marketing et de la communication. Au cours d'une lecture de texte où il fallait s'imposer et dire « non » en donnant de la voix, elle réalise que cela avait toujours été son souhait profond mais qu'elle s'était bridée jusque-là : dire un grand NON à son père, qui ne l'avait jamais autorisée à prendre la parole à table. Par la suite, jeune adulte, Marine avait adopté le silence, la discrétion, en public et en famille, car, avoue-t-elle, elle ne s'est jamais sentie légitime pour s'exprimer. Cela se jouait moins au travail – ou, du moins, cela s'y remarquait moins –, car elle était obligée de s'exposer davantage, de présenter une multitude de dossiers à des clients difficiles. Mais elle était toujours en proie à une grande « douleur » pour sortir sa voix. Celle-ci était d'ailleurs douce et à un volume sonore retenu. Sa grande joie, à l'issue de cette confidence et du travail consécutif accompli en séances, fut de réaliser qu'elle se reconnectait avec sa liberté d'expression, qu'elle était désormais sans crainte face à ses collègues et ses clients, mais aussi en famille. « C'était une grande victoire inattendue, puisque je n'avais vraiment pas envisagé une telle révélation dans ce coaching. » Pour la petite histoire, sa demande initiale était de chanter.

Cet aspect des choses ne concerne pas tous les coachés, néanmoins il émerge de manière suffisamment régulière pour en faire état ici, non pas en tant que généralité mais en tant que schéma récurrent.

Exercice 4 : Le larynx

Organe essentiel de la phonation, il héberge nos cordes vocales (les cordes vocales sont les replis horizontaux du larynx). Il est donc essentiel de s'en occuper.

Posez le bout des doigts sur votre larynx, levez bien les coudes. Massez le larynx en le poussant très doucement et délicatement d'un côté et de l'autre, pour l'assouplir. Votre tête doit rester immobile et bien centrée, votre regard fixé devant vous sur un point repère.

https://www.editions-eyrolles.com/go/trouver_sa_voix_piste03

Le diagnostic vocal

Le diagnostic vocal permet de remonter à la source des blocages, de repérer là où des ajustements vocaux sont nécessaires (axer davantage sur la respiration ou amener plus de volume...). Tel est le premier travail du coach.

Dès la première séance dite de « découverte », je propose un premier exercice qui me semble le plus approprié et le plus ciblé sur la problématique diagnostiquée lors de l'échange.

Prenons pour exemple Marius, étudiant en droit. Lorsque je le rencontre, son désir est clairement identifié : il souhaite devenir un ténor du barreau, il veut « du plus, plus, plus » à ses prises de parole, dans lesquelles il se trouve déjà à l'aise. Certes, il semble l'être. Excellente élocution, etc. Cependant, je note que, en même temps qu'il parle, il gigote beaucoup. Alors, contre toute attente, le premier exercice que je lui propose se nomme « détente et relaxation » : une succession de petits mouvements qui se conjuguent avec la respiration, à ma façon. Cet exercice s'oppose à l'idée qu'il en avait : il pensait que j'allais lui proposer de lire un texte pour me montrer la puissance de son éloquence.

Cet exercice a eu un bel effet. Marius s'enthousiasme : « Waouh, ça me fait trop de bien, je n'avais pas conscience à quel point j'étais tendu… et l'exercice de l'étirement de la colonne est formidable. »

Face à cet enthousiasme, la coach peut s'autocongratuler… Elle a tout bon ! Mais il m'arrive parfois de ne pas détecter de manière suffisamment circonscrite les contours de la problématique, qui demeurent encore imprécis. Je ne peux alors proposer un exercice adéquat de démarrage pour mon nouveau coaché. Dans ce cas, je propose d'abord « le parcours incontournable de Virginie », qui s'apparente à une succession de petits exercices axés sur la posture, la respiration, la mise en voix en douceur. Très vite, cela va me permettre d'affiner et d'orienter la trajectoire de cet accompagnement.

Ce parcours est le tronc commun, un basique de mon accompagnement. Il s'adresse indifféremment à tous les coachés, c'est un révélateur de voix.

Exercice 5 : La mâchoire

Debout, les pieds écartés parallèles au bassin, laissez tomber la mâchoire (la partie basse mobile) et remontez-la le plus lentement possible. (Répétez quatre fois.) Autre variante, exprimez comme des débuts de bâillements retenus, puis laissez tomber la mâchoire en gardant les lèvres closes.

Les exercices de ce chapitre provoquent très souvent des séries de bâillements. Surtout, ne les retenez pas, ils sont le signe d'une profonde détente !

https://www.editions-eyrolles.com/go/trouver_sa_voix_piste04

Acte et pacte

Il est primordial qu'un coach vocal ou un professeur de chant adapte sa technique au corps et à la personnalité de la personne qu'il accompagne. En effet, les physiologies et les morphologies diffèrent d'un individu à l'autre – nous n'avons pas, par exemple, les mêmes caisses de résonance – et nous ne pouvons donc produire les mêmes effets à l'identique. Il faut être très attentif aux singularités de chacun. À défaut, certains exercices risquent d'être produits en force par le coaché qui voudra s'appliquer à reproduire strictement la même chose que son coach. Il sortira alors fatigué de la séance et avec une voix enrouée, aux antipodes du résultat escompté : la séance doit au contraire nous mettre en joie, en énergie.

Le but du coaching vocal est de *se permettre* au lieu de *s'obliger*.

Les accords passés et scellés reposent sur la confiance entre les deux parties et l'envie mutuelle de travailler ensemble. Il doit être absolument clair, pour la personne accompagnée, que le coaching vocal est une proposition, un partage, une découverte, et qu'il n'y a pas de vérité absolue à atteindre.

L'humilité, la bienveillance et l'attention sont de mise et doivent être permanentes.

Un contrat est établi avec le futur coaché, reprenant les points forts qu'il souhaite atteindre : les clauses, le prix, le nombre de séances, etc.

Cette signature est un engagement et une vraie part à l'investissement que l'on souhaite vivre avec soi.

Pour les personnes dont le coaching est pris en charge par l'entreprise, c'est une signature dite « tripartite » qui s'opère entre le coaché, le donneur d'ordre (DRH, directeur d'entité…) et le coach.

C'est parti !

L'essentiel à retenir

La première rencontre entre le coach vocal et le coaché est importante car c'est là que le coaché va exprimer sa demande et que le coach va identifier les besoins, parfois inconscients, du coaché. C'est ce qu'on appelle un diagnostic vocal. Un même coaché peut avoir plusieurs souhaits.

Lorsque l'on veut débuter un coaching vocal, la question de la légitimité se pose. Pourquoi notre supérieur veut-il que l'on soit coaché ? Ne nous trouve-t-il pas à la hauteur ? Dans un cadre personnel, le coaché peut se demander s'il « mérite » cet accompagnement et si ce temps et cet investissement financier en valent vraiment la peine. La réponse est oui !

Le coach et le coaché s'engagent à cheminer ensemble. Le coaché doit bien garder en tête qu'il n'y a pas de vérité absolue à atteindre. Le coaching vocal est une découverte.

CHAPITRE 3

LE COACHING VOCAL, UNE HISTOIRE D'EXIGENCE ET DE BIENVEILLANCE

« *La respiration est le berceau du rythme.* »

Rainer Maria Rilke

Au programme :

- **Tout est souffle**
- **Tout est regard**
- **Patience et persévérance**

Tout est souffle

Le souffle a une grande importance dans la prise de parole. Voici la définition qu'en donne le dictionnaire Larousse :

« *Air que l'on chasse par la bouche en expirant plus ou moins fortement :* Attiser les braises avec son souffle.

Air exhalé en respirant, respiration ; bruit ainsi produit : Retenir son souffle.

Capacité à emmagasiner de l'air dans les poumons, en particulier pour un effort : Manquer de souffle.

Littéraire : Inspiration de l'écrivain, de l'artiste : Poète qui manque de souffle.

Air expulsé : Souffler sur une bougie d'anniversaire, d'éclairage… »

Tant de choses s'apparentent au souffle. Pour moi, le souffle, c'est l'art d'expirer un son, un chant, c'est le souffle créateur, le souffle de vie, le souffle divin, mais c'est avant tout le premier souffle, celui que l'on s'accorde enfin.

Un temps de pause avec soi

Il est primordial de prendre conscience de l'importance de cette belle pause qu'est la respiration que l'on se donne. Tout au long du coaching, on va apprendre ou réapprendre à s'accorder de l'air, dans tous les sens du terme. Un vrai temps pour soi. Reprendre son air respiratoire, son air de voix et son air de chant…

Noémie, chef de projet

« Un moment avec soi avant le moment avec les autres. »

Nous avons évoqué au début du chapitre 2 le rituel, en tout cas dans mon coaching, de la pause où l'on consomme boisson et petits gâteaux.

Un rituel supplémentaire peut être mis en œuvre pour certains coachés. Il rythmera toutes les séances du coaching et se déroule comme suit : une fois arrivés en bas de mon immeuble, les coachés montent au 4e étage, après avoir fait « le test de l'ascenseur ». Eh oui, tout compte lorsque l'on se lance dans une démarche, y compris les premiers pas depuis le hall d'entrée ! Or donc, mon ascenseur est, à lui seul, un « défi lancé à l'appréciation et à la prise de décision » : il est si petit que, bien qu'il soit initialement prévu pour deux personnes, on peut légitimement se demander si les deux personnes en question doivent avoir une taille de guêpe pour y tenir toutes les deux. En résumé, soit on choisit l'option escalier, soit on se précipite dans l'ascenseur de peur que quelqu'un d'autre arrive et exige la 2e place…

Dans tous les cas, j'accueille le nouvel arrivant. Il dépose alors cartable, sacoche, valise… et, surprise, nous repartons, par les escaliers, direction le jardin du Luxembourg, lieu magique à proximité duquel j'ai la chance d'exercer. On y respire et on s'y inspire…

Pour certains, ce rituel a donc lieu à chaque fois. Qu'il pleuve, neige, vente, fasse beau soleil. Nous nous y rendons équipés de parapluies – ou pas –, et, par temps de canicule, qu'à cela ne tienne, nous marcherons à pas lents, mais nous y allons !

Ce moment a toute son importance.

L'idée m'a été soufflée une première fois lorsque je rencontrais il y a sept ans Alain, un dirigeant en pleine tourmente, et parti de son entreprise à la suite d'une rupture conventionnelle. La véritable raison, qui se chuchote dans les couloirs, est à la suite d'un harcèlement moral extrême de son supérieur ! L'entreprise a choisi de garder « le bourreau » au détriment de la victime. Ce qui a particulièrement meurtri Alain, c'est que, malgré les faits avérés et reconnus, il lui a été proposé soit de le déplacer, soit de trouver un arrangement, mais en aucun cas son harceleur ne serait « viré ». Il s'est donc senti trahi, non reconnu, non estimé…

Le harcèlement moral

Le harcèlement moral au travail est malheureusement un phénomène assez répandu et qui peut avoir des effets dévastateurs sur la confiance en soi et, par conséquent, sur la capacité à s'exprimer.

Après plusieurs échanges téléphoniques, il se décide pour un coaching vocal et vient me rencontrer à Paris (il vivait en banlieue) pour sa séance découverte.

C'est un homme meurtri en perte de confiance totale, le monde extérieur l'effraie… Le sachant suivi par un psychologue, j'accepte de l'accompagner en complémentarité. À défaut, cela n'aurait pu être envisageable. Alain était rassuré d'être « entouré, encadré » par deux spécialistes du « mieux-être ». Sa demande était claire.

Alain, ex-dirigeant d'entreprise

« Je veux reprendre confiance en ma voix, pour me préparer à de futurs entretiens, même s'ils ne sont pas pour tout de suite – en plus, j'ai 53 ans, ce sera compliqué. Et vous savez, Virginie, venir vous voir, je veux dire, prendre les transports, etc., me demande beaucoup, j'ai peur que l'on s'adresse à moi et que je doive parler… Cela ne se pose pas pour mon thérapeute, il est dans ma ville. Mais là, tout semble loin et insurmontable.

— Donc nous ajoutons "réapprendre" à communiquer simplement ? Oser sortir ?

— Oui, c'est tout à fait ça. »

Et là, éclair de coach, je lui propose que chaque fois que nous nous verrons, nous nous donnerons rendez-vous dans un jardin parisien et nous cheminerons *via* des « marches-papotes » ponctuées par une pause dans un salon de thé accueillant et chaleureux ou dans une brasserie, selon les lieux et la météo. Nous alimenterons notre échange d'exercices de voix qui puissent se faire en tout lieu, et, surtout, il faudra se laisser aller à rire.

Alain a très vite « pris le pli », et du plaisir à nos séances, mais, surtout, il a retrouvé son autonomie vocale. J'apprends en outre, au fil d'une séance où il ose se livrer avec une confiance grandissante, que, plus jeune, il était musicien et que, actuellement, il ne pratique plus la musique.

Aujourd'hui, Alain est inscrit en école de musique, il joue avec un groupe qui se produit quelquefois publiquement. Et, précision importante et non des moindres, il a aussi retrouvé un poste dans une PME à sa dimension.

Pour parvenir à ce beau résultat, il nous a fallu faire preuve de beaucoup de patience pour apprivoiser cette voix, toujours avec persévérance et ténacité. Le tout dans la bonne humeur et sans se « matraquer ». Être bienveillant et positif envers soi est une des clés essentielles de la réussite.

Nathalie, chef de projet

« Les exercices sur la respiration et le souffle, au début des séances, ont été pour moi une véritable clé pour avancer. »

Cette observation en forme de constat apparaît très fréquemment dès le premier rendez-vous découverte !

Exercice 6 : Se promener

Ne négligez pas l'importance des promenades ! Cela n'a l'air de rien, mais prendre l'air et respirer simplement, en repérant les odeurs, les sons, etc., permet de se reconnecter à ses sens et à la nature.

Tout est regard

La voix et le regard sont liés

Julia (prononcer « Djoulia »), consultante dans un cabinet conseil de dirigeants

« Ce que je découvre à travers le coaching vocal et que je trouve incroyable, c'est qu'aujourd'hui je peux soutenir les regards ! Que ce soit en privé ou dans le monde professionnel.

Jusqu'à présent, lorsque j'étais face à quelqu'un, lors d'une discussion, un entretien, chaque fois que je devais réfléchir avant de répondre, ce qui était fou, c'est que je devais systématiquement regarder le sol. Impossible de regarder mon interlocuteur.

Or, depuis que j'ai commencé le coaching vocal, que je sois en position d'écoute ou en phase de réflexion avant de prendre la parole, je peux continuer à regarder la personne en face de moi avec aisance ! Je ne sais pas pourquoi je ne parvenais pas, auparavant, à regarder les personnes dans ces situations… »

Effectivement, lorsque l'on prend confiance en soi, en sa voix, on peut alors « oser le regard », c'est-à-dire soutenir le regard de l'autre. L'un ne va pas sans l'autre : donner de sa voix, c'est forcément donner du regard. Le docteur Claude Fugain, phoniatre, explique très bien ce double aspect de la prise de parole :

« *[…] Ce qui permet de dire que la voix "sort" bien, c'est qu'on la sent bien physiquement, qu'on a les bonnes sensations physiques associées au regard qui fait totalement partie de la prise de parole. Il n'y a pas d'action sur autrui sans regard. Lorsque l'on regarde quelqu'un, on "voit" sa voix "se diriger vers" et on a un feed-back indiquant la bonne réception du message, qui fait rire ou pleurer, qui fait faire un geste ; la cible a été atteinte*[7]. »

Dans l'exemple de Julia, lorsqu'elle est confrontée à une discussion, son premier réflexe est de regarder le sol lorsque son interlocuteur s'adresse à elle et qu'elle doit réfléchir à sa réponse. Julia s'aperçoit pourtant qu'elle peut soutenir le regard de la personne quand elle lui parle, et ce, en se concentrant principalement sur la voix de son interlocuteur et non plus sur les yeux de celui-ci.

Le regard de l'interlocuteur perd son caractère intimidant dès lors que notre attention se focalise essentiellement et majori-

7. Bulletin trimestriel de l'Adosen, entretien avec le Dr Claude Fugain, n° 140, avril 2003.

tairement sur sa voix. On peut alors sans crainte soutenir son regard et ne plus baisser la tête.

La voix prend le dessus !

L'exercice qui a permis à Julia de remettre en question naturellement sa propre attitude procède, dans un premier temps, d'un déplacement et d'une focalisation de son attention sur la voix et sur les mouvements associés à la prononciation de son interlocuteur.

Julia, consultante dans un cabinet conseil de dirigeants

« Lorsque je suis face à Virginie, je suis obligée de la regarder pour la suivre, pour répéter une vocalise, un mouvement… car cela m'aide. Et, sans m'en rendre compte, j'ai soutenu de façon totalement naturelle son regard ! Qui plus est celui de ma coach ! »

Exercice 7 : Le diaphragme

Debout, vous enfoncez les trois grands doigts (index, majeur, annulaire) des deux mains, dans le haut du ventre, de chaque côté des côtes. N'ayez pas peur d'enfoncer fermement les doigts. Puis toussez deux ou trois fois. Vous sentez qu'à chaque toux, quelque chose vient pousser vos doigts, les chasser vers l'extérieur : le diaphragme !

Une fois celui-ci situé, placez une de vos mains à plat, paume bien ouverte, à *cet endroit.* Puis prononcez, sur un rythme lent, régulier et en chuchotant, la syllabe « Ti », en continu, jusqu'à ce que vous ayez besoin de reprendre votre souffle. (Répétez une fois.)

Répétez l'exercice en accélérant et en gardant le même tempo, cette fois en disant « la cigale joyeuse ». Dites-le sur une seule expiration, en souriant, deux fois.

https://www.editions-eyrolles.com/go/trouver_sa_voix_piste05

Ces exercices s'exécutent en station debout, face à face, alors que le coach et le coaché sont en mouvement. Cela exige du coaché de suivre le coach du regard, presque de le scruter. Il est absorbé par le coach, par une observation davantage concentrée qu'émotive. C'est un bon moyen de ne plus être impressionné par le regard de l'autre.

L'exercice idéal à réaliser dans ce cadre est la vocalise, qui provoque immanquablement un déplacement de l'attention de manière spontanée et, de surcroît, agréable. En effet, la voix chantée n'étant pas notre quotidien, vocaliser requiert instinctivement davantage de concentration. L'aspect ludique de cet exercice rend son usage particulièrement judicieux dans ce type de cas et peut permettre de lâcher momentanément prise avec des mécanismes pourtant bien ancrés.

C'est ce qui s'est produit pour Julia dans la durée. En effet, après avoir pratiqué régulièrement et à de nombreuses reprises les exercices de vocalise, les regards ne sont plus un obstacle pour elle aujourd'hui.

Exercice 8 : La vocalise « oui oui oui – ah ah ah »

Dans cet exercice de vocalise, il s'agira de chanter les trois « oui » de façon staccato (ce qui signifie chanter brièvement chaque note séparément tout en les contrôlant bien) et de chanter la série des « ah » de façon legato (mettre les syllabes chantées en relation sur mode fluide). Un des objectifs, ici, sera à la fois d'exprimer toutes les nuances de cette vocalise, tout en sachant enchaîner les deux parties. Nous irons, dans cet exercice, du médium aux aigus puis du médium aux graves.

https://www.editions-eyrolles.com/go/trouver_sa_voix_piste11

Patience et persévérance

Tout ne se déroule pas en un tour de notes… Patience et persévérance sont les mots-clés de la méthode. Car, là encore, il est important d'accepter dès le début le principe d'un cheminement qui peut se révéler parfois assez long.

Une voix, ou tout du moins celle que l'on souhaite « apprivoiser » ou « réapprivoiser », ne se construit pas instantanément. La démarche requiert un travail et une attention quotidiens.

La voix désunie

La voix est le reflet de qui nous sommes : elle représente l'être de pensée, mais aussi son corps, ses émotions. C'est un tout qui fait la voix. Or, parfois, elle n'est pas en accord.

Personne transgenre

Une personne transgenre adopte l'apparence et le mode de vie d'un sexe différent du sien. Qu'elle soit née homme ou femme, la personne transgenre modifie, voire rejette son identité sexuelle. Le sexe inscrit sur son état civil ne correspond pas à l'apparence qu'il ou elle renvoie. Le transgenre présente un transsexualisme sans forcément passer par la chirurgie pour changer de sexe. On parle alors de transgénérisme ou de transgendérisme. Exemple : Vincent a une allure de femme. Il porte des talons hauts et se maquille tous les jours. Pourtant, il est bien né homme.

Tous les transgenres ne passent pas à l'acte final qui consiste à changer de sexe par le biais de la chirurgie. Le processus nécessite, dans tous les cas, un accompagnement avec un psychologue, de savoir si physiquement la personne est apte à subir opérations, la prise de médicaments hormonaux… Tout cela n'est pas anodin.

Mais qu'en est-il de la voix ? Cette voix qui dévoile tant de choses ! Elle est ici en souffrance car elle exprime spontanément, pour certaines personnes transgenres, ce qu'elles ressentent ne pas être.

Voici l'exemple de Mona. Un jour que j'attendais l'arrivée d'un coaché bloqué sur une ligne de métro, je reçois l'appel d'une personne qui me dit avoir regardé les deux vidéos[8] dans lesquelles j'étais interviewée sur le thème de la voix. Cet homme manifeste son désir de faire un coaching vocal mais pour des raisons qu'il souhaiterait m'exposer de visu, car, me dit-il, sa démarche est délicate. J'accepte sans présager de ce que pourrait être cette particularité. J'étais loin de penser à un coaching vocal de « changement de voix » !

Le moment arrive et je rencontre donc monsieur Z. Au moment d'échanger nos prénoms, il me dit s'appeler Mona. Sur le coup, je n'étais pas sûre d'avoir bien compris, mais ma petite voix m'a intimé de faire tout comme.

Mona a facilité la conversation en abordant immédiatement le pourquoi de sa démarche : « Dans ma tête, c'est complexe… » Elle m'affirme être bien un « il » que je dois voir en une « elle » !

Elle m'exprime ses souhaits très clairs : à la fois adoucir cette voix grave, qu'elle soit plus féminine tout en n'étant surtout pas surjouée, superficielle. Mona souhaite également que l'on travaille sur sa posture, que ses mots ne s'accompagnent pas d'une gestuelle marquée, excentrique, bizarre et repérable.

8. Interviews de l'auteur réalisées par Alexandre Cormont, « Voix et confiance en soi : deux éléments indissociables ! » (https://youtu.be/2OVvAKshY3g) et « La voix : un atout de séduction à ne pas négliger ! » (https://youtu.be/5Y-u8j32lqY).

Elle souhaite de la discrétion, être considérée comme une femme, une humaine à part entière ; ne plus subir de méchancetés, de railleries, ne plus avoir honte ni culpabiliser de se sentir autre.

Je notai tout ça.

Ce coaching s'est fait au rythme de Mona : entrecoupé de longues périodes de pause, en fonction des traitements qu'elle suivait. Les exercices proposés étaient mes basiques et j'axais spécifiquement sur les vocalises médium aigu. Mona a abordé ce coaching avec une sage patience, réalisant qu'il fallait du temps. Nous avons beaucoup ri.

Les graves et les aigus

Il ne faut pas perdre de vue que, pour avoir de bons aigus, il faut s'appuyer sur des graves. Autrement dit, et de manière plus imagée, *via* cette métaphore empruntée à Nadège Gantier, coach : « Tel un perchiste, pour s'envoler très haut, il faut prendre appui sur le sol. » C'est la même chose pour votre voix : allez chercher vos aigus au sol. Prenez appui sur vos graves pour chanter plus haut ! Et vice et versa.

Exercice 9 : La vocalise « Et j'ouvre ma cage »

La vocalise « J'ouvre ma cage » est un exercice qui permet de travailler sur la posture, l'ouverture de la cage thoracique et une césure sur la fin ! En effet, sur quatre phrases, nous allons chanter à partir de notes aiguës pour aller vers des notes graves (redescendre une gamme de notes), que nous terminerons par une césure (imaginez que l'on coupe le son un court instant puis que l'on réaugmente le volume). Or, lorsque nous arrivons sur la dernière phrase, c'est-à-dire dans les notes graves, nous avons tendance à laisser notre corps se courber comme pour aller chercher le dernier souffle et accompagner cette dernière note. Il est important, tout au long de cet exercice, de se maintenir droit et ouvert.

https://www.editions-eyrolles.com/go/trouver_sa_voix_piste10

Ma voix ne sort pas

Parfois, nous ne progressons pas aussi vite que nous le voudrions : tout ne se passe pas comme désiré en termes de temps et de résultats attendus. Le véritable travail de la voix passe par cette acceptation.

Un coach vocal est souvent amené à avoir pour coaché des élèves qui pestent et tempêtent contre leur voix qui ne « sort pas » comme celle de leur chanteur ou chanteuse préférée.

La problématique de la voix se complique en effet lorsque l'on y ajoute la dimension du chant.

En effet, il ne faut pas moins de sept à dix ans pour installer une colonne d'air. Pour cela, il faut s'entraîner comme un sportif de haut niveau ou comme un instrumentiste qui, quotidiennement, fera consciencieusement ses gammes pour travailler la technique, tout en y diffusant progressivement de sa personnalité. C'est donc très, très long…

Le futur chanteur désire ardemment un style de voix. Qu'il soit amateur ou confirmé, ce « fantasme » de sa future voix est pour lui déterminant. Il a alors souvent en tête des modèles d'artistes qui le font « vibrer ».

Seulement voilà, il faut certes la trouver, la chercher, cette voix, et il faut que ce soit réellement « la vôtre ». Avec le coach, plus d'imitations possibles, sauf si cela est demandé strictement comme tel.

Dans l'exemple qui va suivre, nous pourrons voir à quel point le coaché est immédiatement tiraillé entre le choix de sa voix et celui de la voix de son idole.

Charlotte, 20 ans, fan des grandes voix de variétés internationales, arrive à moi par le biais de connaissances. Sa demande est claire : « Je prends des cours de chant depuis l'âge de 14 ans et, aujourd'hui, en complémentarité, je veux travailler sur ma posture, acquérir plus d'aisance… Je me sens encore coincée. Une amie m'a dit que vous pourriez m'aider ! »

Lourde tâche…

Rituel du thé-papote accompli et conditions passées, nous nous lançons dans une « première voix ». Elle accepte mon « parcours basique incontournable » (qui s'effectue en grande partie en silence), et nous explorons par là même tout ce qui fait une voix (organes, squelette, âme…) puis nous en arrivons à une vocalise dite classique.

Aucun problème de justesse et de reproduction de notes, ni même de volume dans son interprétation, si ce n'est des intonations qui me semblent « empruntées » à ses modèles. Nous en parlons et je lui explique que j'apprécierais d'entendre sa voix à elle, sans « fioritures »… Là, elle me répond qu'elle ne comprend pas, qu'elle a toujours chanté comme cela et qu'elle ne sait pas faire autrement.

S'engage alors, entre nous, dès cette première séance, une bataille informelle. Laquelle des deux cédera la première ? La « miss » campée sur sa position et sa conviction que c'est bien « sa voix » qu'elle me livre, ou moi, non moins campée sur mes « désolée, Charlotte, mais j'entends vraiment autre chose et je te propose d'essayer… » ?

Qui remporte la victoire finale ? Eh bien, les deux. Charlotte a bien voulu faire l'exercice de la manière dont je lui demandais de l'exécuter et, à sa grande surprise et au bout de plusieurs essais sur différentes vocalises, elle a « adoré » (c'est littéralement ce qu'elle a dit) le résultat et son « youpi » de satisfaction venait récompenser ses efforts, qui l'ont amenée à réaliser sa propre « tambouille » et qui nous a donné à entendre enfin sa voix, à elle. Mais cela, au bout de plusieurs mois, car il fallait gommer des habitudes bien ancrées qui faisaient de la résistance.

Alors oui, patience, persévérance, ténacité et acceptation sont les mots-clés, les notions phares du coaching vocal, et il est important de garder cela en tête lorsque l'on s'engage dans cette voie.

L'essentiel à retenir

Quand nous voulons travailler notre voix, nous pensons avant tout aux sons produits, mais la voix ce n'est pas que cela : c'est aussi les silences, et c'est aussi le souffle. Respirer physiquement avant de prendre la parole, mais aussi respirer mentalement : prendre une pause pour se retrouver, s'accorder du temps, prendre soin de soi.

Il arrive que notre voix, qui ne nous posait aucun problème auparavant, soit malmenée à la suite d'un choc émotionnel. Reprendre confiance en nous nous aide à reprendre confiance en notre voix et en notre capacité à nous exprimer, à nous faire entendre, à nous affirmer.

Trouver sa voix, cela prend du temps, que l'on veuille que notre voix ressemble un peu plus à ce que nous sommes ou que l'on veuille chanter sans être influencé par ses modèles. C'est un travail de plusieurs mois, pendant lesquels on effectue quotidiennement des exercices. C'est un marathon !

PARTIE 2

UN COACHING VOCAL POUR PRENDRE SA PLACE

Être une note sur une portée, se visualiser, se placer et prendre sa place parmi les autres… et pourquoi pas la première ?

Dans cette deuxième partie, nous passons à l'action, à la mise en voix et en mouvement !

Les exemples cités montreront que si, en coaching individuel, le type d'exercices est identique pour tous, en revanche, l'ordre dans lequel ils sont donnés à faire diffère d'un coaché à un autre et ce, en fonction de ce que le coach aura décelé dans le diagnostic vocal de chacun d'eux. C'est à partir de là que le coaching vocal sur mesure se met en place.

Le coach vocal agit avec le coaché comme un joaillier avec un diamant brut ! On peut également le comparer à une couturière. Comme lorsqu'une personne passe une commande pour la réalisation d'un vêtement, il s'agira :

- d'écouter sa demande ;
- d'évaluer ce qu'il est possible de réaliser ;
- de prendre ses mensurations (en coaching vocal, nous testerons avec des vocalises) ;
- de créer le modèle (en coaching vocal, nous ajusterons les bonnes notes) ;
- de faire les essayages (en coaching vocal, ce seront des répétitions) ;
- d'ajuster ;
- de réessayer ;
- de procéder encore, s'il le faut, à quelques retouches ;
- jusqu'à ce que l'habit convienne à merveille et devienne la seconde peau du client (à ce stade, la voix résonne en total accord avec la personnalité, c'est une voix accordée et en complète harmonie avec soi).

CHAPITRE 4

LE COACHING VOCAL, UNE HISTOIRE D'OSER DONNER SA VOIX

> « *Quoi que tu rêves d'entreprendre, commence-le. L'audace a du génie, du pouvoir, de la magie.* »
>
> Goethe

Au programme :

- **Tout est voix**
- **Tout est sonore**
- **Être à l'écoute de sa voix**

Tout est voix

Tout comme nous avons défini le coaching vocal avant d'en parler, définissons d'abord la voix avant d'entrer dans le vif du sujet. Voici la définition qu'en donne *Le Trésor de la langue française* :

> « *Son, ensemble de sons produits par la bouche et résultant de la vibration de la glotte sous la pression de l'air expiré ; faculté d'émettre ces sons.* »

Et voici celle du Dictionnaire de l'Académie française :

« Son qui sort de la bouche de l'homme ; Voix forte, faible, grêle. Voix haute, basse. Voix plaintive, mourante. Voix cassée, usée, éteinte, enrouée, chevrotante. Voix harmonieuse, sonore. Voix douce, rude. Voix flûtée, aigre, perçante, aiguë, discordante. Voix étouffée… […]

VOIX se dit aussi du Son modulé dans le chant. Une belle voix. Une grande étendue, un grand volume de voix. Donner toute sa voix. Forcer sa voix. Ménager, conduire sa voix. Chanter à pleine voix. Une voix de basse, de ténor, de soprano, etc. Les différents registres de la voix. Voix de tête. Voix de poitrine. Voix juste, fausse… »

Il est intéressant de noter que la définition de la voix telle qu'on la trouve dans divers dictionnaires se résume à la mention du son émis suivi de toutes les variétés de ses expressions. Par exemple : voix grave, forte, de tête, d'alto, juste, fausse… Un peu comme si son caractère multiple et polymorphe nécessitait de la décrire obligatoirement accompagnée de qualificatifs, sous peine d'avoir une définition incomplète.

Je raconte traditionnellement aux coachés cette petite histoire didactique (vérifiée et validée par mes maîtres-pairs). Elle se caractérise par deux points essentiels : « Qu'est-ce que la voix ? » et « votre voix singulière ne peut vous échapper ».

Qu'est-ce que la voix ?

La voix est faite d'un tout : corps, expressions, émotions, ressentis, cadence, résonance et alignement des squelette, bassin, plancher pelvien, colonne d'air, mâchoires, ancrage des jambes et des pieds, vibrations, soufflerie (trajectoire du souffle jusqu'à l'émission du son), un esprit, une âme… mais plus particulièrement d'organes, de muscles et de nerfs : poumons, larynx, pharynx, diaphragme, plexus solaire… ! Eh oui, ce TOUT participe à créer votre voix. C'est fascinant, non ?

Une voix n'est pas palpable, n'est pas visible mais est audible et se ressent. Les vibrations de l'émetteur viennent toucher/envelopper le récepteur en tous ses points : aussi bien émotionnellement que physiquement.

L'humeur qui teintera l'intonation donnée à la voix, au départ, impactera l'auditeur à l'arrivée et créera en retour chez celui-ci une émotion, un sentiment, une réaction.

Quelqu'un qui nous hurle dessus peut provoquer une colère et une réaction identique : nous hurlons aussi, voire plus fort, et/ou nous l'agressons, nous lui sautons dessus (de manière verbale et physique) ou encore nous optons pour une attitude prostrée.

À l'inverse, l'émission d'un message affectueux, d'amour peut nous attendrir ou nous intimider, nous sautons alors dans les bras de notre interlocuteur en le couvrant de mots aimables (dimensions physique et verbale). Ou encore nous restons paralysé par l'émotion.

Un chanteur peut nous transcender, nous toucher fortement par sa puissance vocale et/ou par les mots qu'il exprime. On est parfois surpris d'être transporté par un morceau dont on ne comprend pas la langue, mais qui nous bouleverse néanmoins et que l'on se met à fredonner.

Alors, qu'est-ce qui fait sens en premier ? L'intonation ? Les mots ? La question se pose et le sujet est complexe. D'où l'importance de savoir avec quelle *intention* nous livrons un message, et de quelle manière elle teintera notre voix (nous y reviendrons).

Votre voix singulière ne peut vous échapper

La voix, *votre* voix est unique, de la même façon que l'est votre empreinte digitale.

Prenons un exemple concret, que j'ai souvent constaté lors d'enregistrements en studio en tant que voix off de documentaires et de reportages pour la télévision – une expérience fascinante et extrêmement enrichissante. À mes débuts, je ne pensais pas que notre voix différait autant de la voix dite « témoin », qui est fréquemment la voix du réalisateur. Lorsque vous entrez en studio pour ce type de travail vocal, on vous remet un texte que vous allez lire et plaquer sur le rythme du documentaire : il ne faut parler qu'à certains moments pour que tout soit bien calé et répondre aux attentes du réalisateur. Vous êtes sa voix. Souvent, il a produit une voix témoin aux endroits où il souhaite que l'on prenne la parole. Ce qui est défini par lui dans l'espace-temps est primordial, car lui seul sait où il veut inclure de la voix sur ses images. Or, et même si nous lisons le texte en respectant scrupuleusement le rythme et les temps impartis, on s'aperçoit, lorsque l'on superpose les différents spectres vocaux[9] des protagonistes de l'expérience, que chaque voix est unique.

Cela se reproduit à chaque enregistrement, quelle que soit la voix préenregistrée, féminine ou masculine.

Ici, le phénomène en jeu est le suivant : nous ne posons pas notre souffle de départ de la même façon, nous ne débitons pas les mots de la même manière aussi bien en termes de prononciation que d'expression, de volume, etc. Tout part de notre première *inspiration !*

Et un chœur ? Et une chorale, me direz-vous ? Lorsque des personnes chantent à l'unisson, elles sont bien au même rythme, elles ont bien pris le même souffle au début, sous la houlette du chef d'orchestre… Eh bien, oui et non.

En effet, bien que l'ensemble du chant commun soit parfaitement harmonieux du début à la fin, si l'occasion nous était donnée

9. Un spectre vocal, ou plus exactement un « spectre sonore », retranscrit par image l'intensité des sons produits (tous les enregistrements de voix mais aussi d'instruments de musique, etc. En somme, tout ce qui produit un son).

d'enregistrer chacun des protagonistes séparément, nous nous apercevrions des nuances infimes et subtiles qui les distinguent. En chœur, la magie et le confort résident dans le fait que nous sommes plusieurs par registre de voix complémentaires (quatre registres, bien souvent) : soprano-aigus et alto-graves chez les femmes, et ténor-aigus et basse-graves chez les hommes.

Chaque partie peut chanter à l'unisson et a, à d'autres moments, son propre chant à exécuter.

Le chœur est doté d'une plasticité qui permet des jeux de compensation qui gomment les hiatus.

Ainsi, par exemple, nous pouvons nous reposer sur la voix des autres de façon imperceptible pour reprendre notre souffle. En effet, parce que certains tiennent la note, ils nous permettent de reprendre notre souffle sans que cela casse le rythme et le chant.

La force d'un chœur est de laisser l'ensemble des voix s'entremêler en une même respiration.

Un chœur s'appuie, au démarrage, sur l'inspiration unique du chef de chœur : ainsi, dès qu'il donne le signal de départ, tout le monde est prêt à inspirer en même temps.

En tout cas, n'hésitez pas, si l'occasion vous est donnée, d'avoir une expérience à plusieurs voix en studio, d'observer votre spectre vocal.

Une belle voix, qu'est-ce que c'est ?

> « *Une belle voix est une voix sincère et authentique.* »
>
> André Dussollier

Je ne saurais trouver de meilleure réponse que celle du docteur Claude Fugain, phoniatre :

« La "bonne" voix est celle qui traduit bien l'individu, quel que soit le rôle qu'il jouera, c'est la voix modulable : par exemple, lorsque l'on parle à ses enfants et lorsque l'on s'adresse à ceux des autres, la voix diffère. Dans tous les actes de la vie, le regard change, tout comme les gestes et la voix[10]. »

En conclusion, cette bonne nouvelle : votre voix est à la fois unique et modulable !

En prendre concrètement conscience permet d'abandonner plus aisément ce désir de vouloir la faire ressembler absolument à une autre voix. Et il faut plutôt se dire : « Chouette ! Je vais en faire quelque chose, cette voix est à moi et à personne d'autre, et maintenant je vais la façonner, la ciseler, la polir comme un joyau. »

Le spectre sonore et les partiels

Dans le langage professionnel, le *spectre sonore* d'un son est le tableau ou la représentation graphique des *partiels* qui, s'ajoutant les uns aux autres, permettent de reconstituer ce son. Tous les sons peuvent se décomposer en une somme de sons purs, qu'on appelle *partiels*. Un son pur est une vibration périodique de l'air.

Tout est sonore

La voix, cet organe particulier

Voici ce que dit Jean Abitbol, ORL et phoniatre, ancien chef de clinique à la faculté de médecine de Paris, à propos de la voix :

« Notre voix est un organe précieux qu'il faut savoir préserver. Elle est l'expression de notre être, signature de notre personne, fenêtre

10. Bulletin trimestriel de l'Adosen, entretien avec le Dr Claude Fugain, *op. cit.*

sur notre moi intime. Mais elle révèle également les cicatrices de notre vie à travers le vieillissement et les pathologies qu'elle subit au rythme de notre existence[11]. »

La voix n'est pas palpable, n'est pas visible, mais elle s'écoute, elle vibre et fait vibrer, elle s'entend, elle se donne, elle s'exprime et elle se reçoit.

La voix se manifeste tellement hors de nous que nous la considérons extérieure à nous. Nous en parlons d'ailleurs à la troisième personne.

Elle est « nous » et « autre » à la fois. Elle a ceci de très particulier que, à la différence d'une oreille, d'un œil, des bras, des jambes ou des cheveux, elle est un organe invisible, ce qui semble lui conférer une plus grande « indépendance » par rapport au reste de notre corps tangible. D'où, peut-être, une plus grande difficulté à nous approprier cet organe invisible.

Cette quasi-« individualisation » de notre voix se manifeste aussi à travers des exemples concrets : on peut « s'aimer » et ne pas aimer notre voix, ou encore on peut ne pas s'apprécier physiquement mais aimer notre voix. Et ce phénomène sera encore davantage mis en évidence quand des tiers vous feront ce type de remarque : « Ne peux-tu pas faire quelque chose à ta voix ? On ne t'entend pas ! Elle est trop criarde/pas assez grave... » Ces commentaires sur notre voix sont de nature à renforcer un sentiment de non-valeur ou de non-confiance en soi qui rendra difficiles, notamment, les prises de parole en public.

Alors, pour s'approprier notre voix, nous allons d'abord tenter un exercice de réception musicale : recevoir, ressentir, retrouver ses émotions avant de les exprimer, de se laisser les exprimer... Cet exercice s'intitule « pluie de notes ». Il peut donner des sensa-

11. Interview de Jean Abitbol par Mathieu Vidard dans l'émission « La tête au carré » sur France Inter, 24 juin 2013, www.franceinter.fr/emissions/la-tete-au-carre/la-tete-au-carre-24-juin-2013.

tions un peu déstabilisantes au début, puis très agréables. Voici des retours de coachés : « J'ai eu la sensation d'être nettoyée. » et « Je me suis laissé porter tranquillement au début, jusqu'à la tempête, là, j'ai cru perdre l'équilibre, un petit moment de panique. Heureusement que ça se calme après. J'ai apprécié l'atterrissage. »

Exercice 10 : La pluie de notes

C'est un exercice de réception de notes jouées au piano, à la harpe ou autre instrument. Ce peut être, par exemple, un morceau de Debussy ou de Satie. Ce morceau sera idéalement joué en direct si on a la chance d'avoir un pianiste à la maison, ou bien en CD, mais à la condition d'être équipé d'une bonne enceinte. Il est déconseillé de faire cet exercice avec des écouteurs. L'exercice requiert que vous fermiez les yeux et que vous ayez l'ouïe totalement réceptive.

Disposez-vous face au piano ou à l'enceinte qui diffuse la musique, debout. La musique vous arrive par vagues, ou comme une pluie fine qui tomberait sur vous et deviendrait de plus en plus forte avant de se calmer.

À l'écoute d'une voix

La voix résonne différemment à nos oreilles et à celles des autres, elle est capable de communiquer des émotions. Que donne-t-on à entendre avec notre voix ?

Il m'a été proposé d'accompagner un évêque et deux diacres lors d'une messe de Pâques donnée dans une maison d'arrêt pour hommes.

Mon rôle était simple : interpréter un chant de mon choix au moment de la communion. Seulement, je n'avais pas prévu que, ce dimanche matin-là, en passant l'entrée, mon état émotionnel s'en trouverait bouleversé et secoué au plus haut point !

À peine avions-nous franchi la lourde porte qui s'est refermée sur nous, que la sensation d'être passée dans un autre monde, dans un silence pesant, s'abattit sur moi. Il y eut les voix des gardiens ne nous ménageant pas pour la fouille des sacs : les diacres apportaient en effet des boissons, du chocolat, etc. Une fois tous nos effets personnels laissés dans un casier, nous passons une deuxième porte et avançons dans un long couloir jusqu'à une troisième porte.

Il régnait dans cette prison une odeur indescriptible d'enfermement. Nous arrivons dans une toute petite pièce avec quelques bancs, quelques tables et une petite lucarne.

Le gardien nous donne quelques consignes de sécurité et il remet à l'évêque un simple talkie-walkie, nous enjoignant de nous en servir si cela se révélait nécessaire. Puis le signal : « on les envoie » : au lieu des sept ou huit auditeurs attendus, vingt se sont présentés.

La messe se déroule, puis arrive le moment de mon intervention. Je suis gagnée par une légère appréhension qui se dissipe aussitôt que ma voix entame un gospel improvisé.

Ici, la dimension émotionnelle donnée et reçue à travers ma voix a surpassé mon inquiétude initiale, de même qu'elle a transporté mes auditeurs manifestement touchés. En témoigne une carte rédigée collectivement par leurs soins, reçue quelques jours plus tard et que je conserve précieusement.

Être à l'écoute de sa voix

La psychophonie

La voix est révélatrice de notre état émotionnel. Marie-Louise Aucher a beaucoup travaillé sur ce sujet. Dans les années 1960, elle a fondé la psychophonie :

« La psychophonie est une démarche auto-expérimentale d'harmonie physique et psychique utilisant, à la faveur de la voix parlée et chantée, les correspondances entre l'Homme, les sons, les rythmes et le verbe, créant patiemment une synthèse personnelle de connaissance et d'équilibre[12]. »

Un des concepts fondateurs de la psychophonie s'appuie sur la découverte des correspondances vibratoires entre les sons et le corps humain. La découverte des correspondances sonores va permettre ensuite à Marie-Louise Aucher d'élaborer le « cliché des sons », test de réceptivité sonore. C'est une mise en vibration du corps par la voix de la psychophoniste qui projette des sons sur des points précis du corps. Il livre, en instantané, des indications sur l'état de la personne et permet d'ajuster au mieux l'accompagnement du travail vocal.

Les grands axes de la psychophonie, sur lesquels je m'appuie, sont les suivants.

- La réceptivité et l'émission. La qualité de notre émission vocale dépend de notre conscience corporelle et de la finesse de notre réception sensorielle.
- Les cinq sens. L'enfant découvre le monde extérieur grâce à ses cinq sens. Adulte, nous les utilisons pour découvrir notre monde intérieur et enrichir notre expression vocale.
- La voix parlée et la voix chantée. Ces deux aspects de la voix sont indissociables. On ne saurait travailler l'un sans travailler l'autre. Poésie, mélodie et rythme en sont les clés.
- Le souffle. Au cœur de la vie, entre inspiration et expiration, il ouvre les portes de la voix.
- L'enracinement et le rayonnement. Bâti sur un axe vertical et sur un axe horizontal, l'être humain trouve son équilibre entre ces deux pôles. La justesse de sa parole et la liberté de son chant en découlent.

12. Marie-Louise Aucher, *L'Homme sonore*, éditions Hommes et Groupes, 2004.

- L'harmonisation. La démarche psychophonique permet de relier les différents plans de l'être : physique, énergétique, émotionnel, mental, spirituel, et de les harmoniser[13].

Détente, vitalité, tonus et équilibre sont les bienfaits auxquels la psychophonie permet d'accéder.

À la rencontre de sa personnalité vocale

J'ai intégré la psychophonie dans ma méthode de façon modeste. Elle me permet d'accompagner les coachés, et ils prennent appui sur cet enseignement si riche et vrai.

Cet apprentissage me rappelle chaque jour à quel point il est primordial d'avoir conscience que notre voix est unique, que notre voix est vibration mais aussi émotions, et que nous sommes un être unique. Le coaché ne s'en valorisera ou ne s'en re-valorisera que davantage. Il est assez incroyable de noter combien, à ce stade, il se « re-positionne » dans tous les sens du terme. Cette prise de conscience amorce la quête ou la reconquête de la place que l'on va prendre ou re-prendre.

Apprivoiser sa voix en l'écoutant chanter, faire des vocalises… On se laisse gagner par l'aspect ludique, mais tout en gardant à l'esprit la dimension constructive, progressive et pédagogique de la démarche : très vite, l'ensemble peut être mélodieux, mais on sait qu'il y a encore du chemin à parcourir.

Ici se cristallise la croisée des « soi » pour ne faire qu'un : nous faisons le tri de toutes nos voix. La voix dessine la voie…

Qu'est-ce que cela provoque d'émettre des sons ? De se dire que c'est bien nous qui les produisons ?

On note à chaque fois de l'étonnement et de la surprise, surtout lorsque le coaché exprime, en amont, un grand désir de chanter mais que, pour diverses raisons, il s'est toujours retenu.

13. http://ifrepmla.eu/psychophonie.html

Céline, scénariste

« J'ai toujours eu une peur bleue de chanter en public alors que je n'avais envie que de ça ! Cela m'agaçait de réagir comme ça ! J'avais l'occasion de le faire dans des petits lieux à New York, en duo, mais je n'étais vraiment pas satisfaite du résultat. Au-delà de ma peur, j'avoue que je n'aimais pas ma voix. Au cours d'un séjour en France, j'ai eu l'occasion de faire un coaching vocal "intensif" avec Virginie, car limité à la durée de mon séjour. Ce qui a été formidable fut de découvrir ma voix. Je ne soupçonnais pas que je possédais de telles sonorités et de pouvoir les apprécier... J'étais heureuse de faire des vocalises, de me rendre compte que je pouvais produire ces sons. Aller de l'aigu au grave, jouer avec ma voix... Tout ça, je ne le pensais pas possible. Se sentir résonner, vibrer, pleine d'énergie. Et prendre du plaisir à chanter des reprises d'artistes que j'adorais. C'était fou. Et quelle joie de se dire : "Oui, c'est moi qui chante, je peux le faire, j'interprète à ma façon et ce n'est pas moche !" J'arrive à me dépasser, à pousser ma voix et à ne plus être surprise si j'émets des sons "forts". Il faut vraiment oser. Aujourd'hui, je me mets beaucoup moins la pression qu'avant. Avant de commencer un chant, je prends "mon temps", je respire, je suis beaucoup plus à l'écoute de moi-même. »

Apprivoiser sa voix en l'écoutant chanter, faire des vocalises... C'est cette dimension à la fois pédagogique et ludique que Céline explore. Elle découvre aussi très vite que l'ensemble des exercices réalisés permettent de produire un chant, des sons mélodieux et ce, immédiatement ! Et, même si l'on sait qu'il reste encore un bon bout de chemin à parcourir, il est gratifiant de produire dès le début d'une séance un chant à sa façon, et qui « sonne ».

Une prise de conscience s'opère chez Céline : elle réalise que cet apprentissage lui permet de se « scruter » sans fard et sans appréhension à travers l'exploration attentive de sa voix.

Le coaché apprend à se centrer non pas sur sa « performance vocale », mais sur son ressenti vocal.

Au cours du parcours de base et pour la majorité des exercices, un geste est indispensable : je l'appelle le « geste de la main qui accompagne ». Ce geste consiste à accompagner de la main certains exercices : massage du larynx, pose de la main sur le diaphragme ou sur la poitrine lors des vocalises dans les tonalités graves… À chaque fois, l'étonnement est grand lorsqu'on ressent les vibrations sous sa main !

Ces gestes sont loin d'être anodins. Ils permettent en effet de se reconnecter à soi, de se ressentir, de s'accompagner. D'aller à la rencontre de soi, du « nous chantant ».

L'essentiel à retenir

La voix n'est ni palpable ni visible, mais elle s'entend et se ressent. Beaucoup d'organes sont mobilisés lorsque nous parlons. Par notre voix, notre interlocuteur peut détecter les émotions qui nous animent : si nous sommes agacé, content, en colère, stressé… Par sa voix, un chanteur peut nous émouvoir. Une ambiance particulière peut complètement modifier notre voix.

Notre voix est unique et modulable, nous ne devons pas essayer à tout prix de la faire ressembler à celle de quelqu'un d'autre. Il s'agit donc pour le coaché de se revaloriser et de revaloriser sa voix.

CHAPITRE 5

LE COACHING VOCAL, UNE HISTOIRE DE RÉPARATIONS ET DE RÉVÉLATIONS

« La musique est entre chaque note. »

Wolfgang Amadeus Mozart

Au programme :

- **Tout est silence**
- **Tout est posture**
- **On a tous droit à une seconde chance**

Tout est silence

Écouter sa petite musique intérieure

C'est là une partie particulièrement subtile du coaching vocal. Que se passe-t-il entre chaque note, entre chaque son, entre chaque mot ? Les silences et les soupirs ponctuent/rythment un discours, un chant, une musique. Ils sont des « notes silencieuses » qui ont autant d'importance que les « notes audibles ».

Les silences ont une réelle expression. Lorsque Mozart dit : « La musique est entre chaque note », cela revient à dire, à mon sens, que toute sa puissance exulte, en creux, à ces moments-là. Ces instants silencieux rythment nos ressentis, nous attendons la suite. Ils sont aussi nécessaires pour reprendre notre souffle, poser notre respiration.

Parler pour combler le vide

Lorsque je rencontre Pierre, directeur d'une entité dans le secteur du BTP, sa demande d'accompagnement est en accord avec celle de son supérieur. Il semble en effet que ses équipes lui reprochent de ne pas être suffisamment à leur écoute.

Au cours du coaching, il reconnaît aimer donner des directives, ne pas apprécier que celles-ci soient discutées et pouvoir s'emporter facilement.

La problématique est sans nuances… L'élément positif, c'est qu'il en a conscience, qu'il a l'humilité de le reconnaître et de le formuler. Cela est déterminant pour que le travail se fasse de manière optimale. Je repère qu'il parle beaucoup et qu'il ne respire pas. Il reprend du souffle sur le souffle et je peine moi-même parfois à interrompre son débit.

Ma première proposition d'exercice est tout simplement d'apprendre à respirer. Cela lui semble très simple. Le hic, c'est qu'il continue de parler pendant l'exercice… J'observe et, au début de la troisième série, je l'arrête net : « Pierre, stop.

– Ah bon, quelque chose ne va pas ? Je ne le fais pas bien ?

– Il n'y a rien qui vous gêne depuis le début ? »

Pierre, très sincère : « Non. »

J'insiste : « Vraiment rien ?

– Eh bien, non.

– D'accord. (Je prends le parti de ne rien dire.) Je vais vous proposer de refaire une autre série d'exercices de respiration en SILENCE. »

Petits sourires de part et d'autre, nous reprenons. Je repère qu'être silencieux même quelques secondes est vraiment difficile pour lui. Cela se voit à ses épaules et à sa nuque qui se raidissent et à ses yeux qui deviennent fixes, preuve qu'il est tendu. Il fallait s'y attendre, au bout de quarante-cinq secondes, Pierre craque et parle :

« Je ne supporte pas le silence (voilà un beau point de blocage à lever), on peut en parler un peu ?

– Intéressant. Une question, Pierre, est-ce que cela se produit juste ici ou est-ce permanent ?

– C'est tout le temps, j'ai besoin de parler. Au boulot, à la maison, dès qu'il y a un silence qui s'instaure, je ne peux pas vous dire ce que ça me fait, comme une légère panique… Il faut que je meuble… mais je ne supporte pas de me taire. Même avec mes amis.

– De vous taire ou d'être silencieux ?

– Les deux, je pense. »

Je lui fais part de mes observations pendant le café papote, où j'ai effectivement noté qu'il parlait de manière ininterrompue. Même lorsque je parlais à mon tour, il parlait « dessus », en même temps.

Il vous est très certainement déjà arrivé de rencontrer ce cas de figure : une personne qui parle de manière ininterrompue, en même temps que son interlocuteur, ne le laissant pas achever son propos, ce qui donne la désagréable sensation que se tiennent alors deux monologues et non un dialogue.

Ce type d'échanges est extrêmement épuisant pour les deux protagonistes : celui ou celle qui parle inlassablement et celui ou celle qui subit et demeure frustré car non écouté.

Je lui fais part de l'importance des silences, de ce qu'ils permettent et autorisent : à la fois de se poser, de souffler mais aussi de s'écouter soi et d'écouter les autres. Je le questionne sur sa façon d'agir et d'échanger avec ses équipes en réunion.

Il reconnaît se comporter à l'identique de ce que j'ai décelé et pointé. Il comprend dans le même temps que, parlant en permanence et ne voulant pas être contrarié, ce comportement ne facilite pas l'expression de son entourage.

Pierre (légèrement inquiet) : « Je peux m'améliorer ? Ça s'apprend, le silence ?

– Oui, Pierre, ça s'apprend et ça commence avec soi. Prêt ? Alors reprenons… L'exercice qui suit est sans paroles et imite le vent… »

En prise de parole, poser des silences et du rythme va prendre tout son sens et se révéler être un point d'accroche essentiel et déterminant pour un public qui va capter et se « caler », d'emblée, à notre cadence.

Il ne faut jamais oublier que tout public face auquel vous vous trouverez sera suspendu à vos lèvres, à vos mots, à votre respiration, que ce soit lors d'un entretien, d'un concert, d'une conférence, d'un cours ou d'une réunion… Les respirations, tout comme les silences, sont capitales. Cela permet aussi à l'auditeur de respirer.

Il y a fort, fort longtemps…

> **Dans l'Antiquité, chez les Romains, on travaillait les exercices respiratoires en position allongée.**

Pour avoir une « bonne » voix, sa voix, il faut savoir être en silence. Cela permet d'être au plus près de soi, de son battement de cœur, de son rythme, de ses émotions, de faire le calme en soi, dans son esprit…

Cela permet également de mieux écouter l'autre, car ce silence permet de ne pas rester centré sur soi. Une bonne écoute garantit de mieux entendre l'autre, et ainsi de pouvoir apporter des réponses appropriées.

S'accorder ces temps de « pauses silencieuses » est salvateur. Cependant, il faudra, pour certains d'entre nous, dépasser la peur d'être dans le silence, apprendre à l'apprivoiser, dépasser ce besoin de combler tous les vides des conversations… Surmonter cette peur du vide (en général) que cela peut provoquer.

Le silence est un lien perpétuel entre l'intérieur et l'extérieur de soi : écoute de soi, silence de l'autre… Écouter simplement ce qui se passe à l'intérieur de soi.

Jean, formateur

« S'écouter, c'est vraiment génial… »

Exercice 11 : Se poser et faire silence

Voici un exercice de relaxation à faire allongé sur le sol ou bien calé dans un fauteuil. Fermez les yeux, laissez la bouche très légèrement entrouverte afin de chasser les tensions au niveau de la mâchoire. Écoutez le va-et-vient de votre respiration, comme le va-et-vient des vagues. Laissez-vous aller. Si l'endormissement survient, laissez faire, c'est qu'il est nécessaire. Vous pouvez accompagner cet exercice d'une musique douce ou de bruits de la nature en fond sonore. L'objectif est d'être centré sur soi en silence.

Que veut nous dire cette voix ?

Remonter à la source des blocages

À partir du moment où l'on sait que l'on peut être jugé sur sa capacité à prendre la parole et/ou sur sa voix, on se juge soi-même bon ou mauvais et on peut induire des attitudes en notre défaveur.

Implicitement, nous aimerions avoir une voix traduisant une force. Le reproche essentiel que l'on se fait ou qui nous est fait par notre entourage est de ne pas affirmer une personnalité forte.

Shani Diluka, pianiste, l'a bien compris :

« *La fragilité, c'est la plus belle force qui crée des émotions dans la voix… Car, dans la société, on nous pousse à être fort, invincible mais pas fragile*[14]. »

Cette question est fondamentale et sensible parce que, en effet, la voix traduit le vécu.

La voix se met parfois en retrait, laissant alors la place à un trop-plein d'émotions lorsque certaines choses deviennent prioritaires comme, par exemple, comprendre le pourquoi d'une blessure : tout le temps que dure sa « digestion » puis sa libération avant guérison, la voix ne peut s'exprimer comme à l'accoutumée.

C'est dans les silences, dans ce qui ne se dit pas, ne s'exprime pas, dans ce que le coach lit du corps, dans ce qu'il entend des silences, de la respiration, que l'émergence de la source des blocages fait son apparition.

Chanter dans le silence

Durant quelques séances individuelles, j'ai accompagné Mattéo, un jeune homme de 27 ans sourd et muet de naissance.

14. Interview de Shani Diluka réalisée par Eva Bester dans l'émission « Remède à la mélancolie » sur France Inter le 1er janvier 2017, www.franceinter.fr/emissions/remede-a-la-melancolie/remede-a-la-melancolie-01-janvier-2017.

Mattéo savait lire sur les lèvres et parvenait à prononcer quelques mots. Les sons étaient gutturaux et pouvaient manquer de fluidité, mais il était compréhensible.

Son rêve était de chanter.

Je précise qu'il m'a été présenté par une de mes élèves en atelier chant et j'avoue avoir accepté cet accompagnement sans savoir très nettement comment j'allais aborder, voire construire un cours.

Je ne m'improvisais pas spécialiste « de » et c'est précisément ce que recherchait Mattéo : une non-spécialiste médicale. Dans ce registre-là, il était déjà abondamment accompagné.

Pour communiquer, nous avons eu recours au « paperboard » : je devais me positionner bien en face de Mattéo pour qu'il puisse lire sur mes lèvres et reproduire les mots.

Enfin, concernant les chansons qu'il souhaitait interpréter, je l'ai laissé libre de choisir. Ce qu'il a fait bien volontiers. Nous avons travaillé *We Will Rock You* de Queen.

Je me suis permis de lui demander pourquoi il avait choisi ce morceau et de quelle manière cette préférence s'était imposée à lui. Il m'a fait cette réponse merveilleuse que, certes, il n'entendait pas la chanson en tant que telle, mais qu'il était extrêmement sensible aux vibrations basses, aux « boum boum ».

Lors de nos répétitions, le son était poussé. J'avais la chance de travailler dans un lieu suffisamment insonorisé permettant cette liberté. Nous avons dansé et tapé des pieds pour marquer le rythme des mots à prononcer.

L'objectif a été atteint, selon Mattéo, car il avait relevé ce défi lancé à lui-même. Le plaisir et le rire étaient au rendez-vous.

Pour lui, ces séances ont, d'une certaine façon, libéré ses silences !

Lâcher prise

C'est difficile, mais il faut lâcher ce qui empêche l'expression, accepter que ce qui nous empêche de nous exprimer (cette barrière que nous avons intégrée de manière tellement profonde qu'on ne sait même plus qu'elle est là) ne soit plus, même si cela peut se révéler intimidant.

Dans le même temps, nous devons nous efforcer de reconnaître ce qui fait le charme de notre voix et ce qui traduit notre complexité émotionnelle ; nous devons l'adopter et l'apprivoiser.

Les gens qui n'aiment pas leur voix, parce qu'ils la trouvent toujours « trop ceci » ou « pas assez cela », savent implicitement que, dans les représentations collectives, le pouvoir équivaut à donner une impression de force par la voix ; qu'avoir du pouvoir, c'est donner l'impression d'être ferme, d'être intelligent, d'avoir du charme dans la voix.

Tout est posture

Une voix et un corps en accord

Notre corps est un instrument de musique. Il est à divers moments cette « voix » de la vigilance intérieure qui nous alerte sur nos maux.

Sa tenue… son énergie… son rayonnement… Une voix et un corps en accord, c'est un équilibre, un fil d'Ariane. Il y a une interaction très forte entre les sons, le regard, la gestuelle, la posture, l'audition, etc.

Laisse-moi entendre ce que je vois

Qui êtes-vous lorsque vous parlez ou lorsque vous vous taisez ?

Par exemple, l'orateur que l'on voit arriver sur scène nous donne en premier lieu à observer son apparence physique, ses mouvements, avant de nous donner à découvrir sa voix. À ce moment précis, nous pouvons être amené à nous dire : « Il a l'air vraiment intéressant, nous allons nous régaler. » Et puis il arrive que nous percevions très rapidement, dès le premier mot prononcé, qu'il y a incongruence entre sa voix et son corps.

Prenons le cas de Samuel, cadre opérationnel. Il avait pour mission de présenter en séminaire la nouvelle feuille de route, à forts enjeux, de son entreprise pour l'année à venir. Lorsqu'il arrive sur l'estrade, tout semble aller pour le mieux : il a une belle allure, de la prestance, il sourit. Il incarne à merveille le profil type de celui avec qui nous pensons que nous allons passer un agréable moment. Pourtant, son intervention s'est révélée très vite ennuyeuse. Et ce, d'une part, parce qu'il lisait ses notes et regardait peu la salle et, d'autre part, parce qu'à plusieurs reprises sa voix (même sonorisée) ne portait pas, ne s'entendait pas.

Ce sentiment qu'il « parlait dans sa barbe », il ne semblait pas s'en rendre compte. C'est à la suite de cette journée, à l'issue de laquelle plusieurs personnes lui ont fait des remarques peu élogieuses, voire déplaisantes, que son N+1 lui a demandé de travailler sur la prise de parole, aspect déterminant au regard des fonctions qui étaient les siennes.

Le but du coaching vocal est d'arriver à la symbiose : que ce que vous ressentez soit visible par autrui.

L'objectif sera de faire en sorte que le corps soit en mesure d'exprimer, de « dégager », qu'il vive et qu'il vibre en accord avec la voix et que cela se voie.

Prenons pour exemple Marion, que j'ai accompagnée lors de sa nouvelle prise de poste au sein d'un groupe dans lequel elle exerçait déjà. Se présenter, se mettre en voix représentait un vaste programme, pour elle, d'autant plus vaste qu'elle pouvait être perçue comme quelqu'un de froid, qui n'aurait en apparence aucune considération pour les autres. Ce fut le premier point que nous avons travaillé.

Marion souhaitait être perçue, certes, comme « la boss », mais aussi comme quelqu'un d'abordable.

Cette perception que ses collaborateurs avaient d'elle la chagrinait. Elle savait néanmoins qu'elle pouvait dégager cette image : parfois, absorbée par ses dossiers, elle pouvait passer dans les couloirs et ne dire bonjour à personne, ne pas voir son entourage. C'est en raison de cette réputation qui la précédait qu'elle appréhendait son arrivée dans ce nouveau pôle.

J'ai proposé à Marion de se mettre en scène, avec humour, face à ses équipes, qui représentaient un total de 150 personnes. Elle a beaucoup répété et travaillé sur son lâcher-prise pour oser se montrer telle qu'elle était. Il y eut des résistances, notamment marquées dans l'expression. Il fallait que Marion laisse jaillir sa voix de velours et parvienne à laisser de côté ses peurs de paraître. Elle avait, solidement ancrée, cette croyance qu'exprimer sa douceur la mettrait en danger.

Le jour J, elle a procédé comme suit. N'ayant pas la possibilité pratique de réunir tout le monde le même jour, elle a choisi de mettre en place un petit déjeuner avec chaque service (ce qui se résumait à quatre matins).

Pour tout support, elle avait un PowerPoint succinct sur lequel, à l'aide de quelques illustrations, elle racontait qui elle était, en faisant preuve de beaucoup d'humour et de dérision quant à ses défauts.

Le résultat a dépassé ses espérances : elle ne s'attendait pas à ce que l'ensemble de son auditoire l'accueille telle qu'elle était, en riant, en l'applaudissant et par la suite en accomplissant à ses côtés de beaux projets couronnés de succès.

Son choix d'évolution et de remise en question, sur ce qu'elle pouvait dégager aussi bien dans son expression que dans sa posture, a été récompensé. Marion est aujourd'hui une dirigeante épanouie et heureuse d'assumer qui elle est.

Exercice 12 : M. Culbuto

Tenez-vous debout, les pieds écartés parallèles au bassin, les bras le long du corps.

Fermez les yeux et, au rythme d'une musique douce, balancez-vous de gauche à droite, comme si vous étiez le balancier d'une horloge. Faites cinq allers-retours.

Attention, le corps ne doit pas se déhancher. Vous devez être droit comme un bâton.

Puis revenez au centre et, toujours les yeux fermés, balancez-vous d'avant en arrière, sans que les orteils et les talons ne décollent du sol. Faites cinq allers-retours.

Terminez en effectuant des cercles, quatre ou cinq fois vers la gauche, puis quatre ou cinq fois vers la droite.

Enfin, laissez aller votre corps à sa guise, toujours en gardant les pieds bien au sol.

Puis stabilisez-vous, gardez encore les yeux fermés, écoutez les battements de votre cœur, étudiez la posture de votre corps à l'arrêt.

https://www.editions-eyrolles.com/go/trouver_sa_voix_piste07

On a tous droit à une seconde chance

Travailler sa voix peut permettre à des personnes en difficulté de s'en sortir, de retrouver le droit chemin.

La voix éprouvée

Durant six ans, j'ai eu le plaisir d'intervenir en communication orale au sein d'une mission générale d'insertion de l'éducation nationale (MGI), renommée en 2013 « mission de lutte contre le décrochage scolaire » (MLDS).

La MGI

> **La MGI (mission générale d'insertion) est un dispositif scolaire de prévention contre le décrochage au sein des établissements publics. Elle intervient en amont, en prévention des ruptures de formation, sur les causes des sorties sans qualification des élèves de 16 ans et plus. En aval, elle repère les jeunes qui sont sortis du système scolaire depuis moins d'un an, et ce avant l'obtention d'un premier niveau de formation et/ou diplôme. L'objectif est de les accueillir, de les remobiliser dans une dynamique d'apprentissage et de préparer les bases d'une qualification.**

J'intervenais avec des classes de maximum 15 élèves, âgés de 16 à 18 ans.

Chaque début d'année était assez difficile. La majorité des élèves avait fait l'objet de nombreux renvois des établissements scolaires, ayant commis des actes de petite délinquance pour certains, étant suivis par des éducateurs, ou tout simplement se sentant « perdus » et dépassés et se trouvant là parce que plus lents à apprendre. En règle générale, rien ne les impressionnait. Ils se montraient assez désabusés et très méfiants face à tout ce qui pouvait leur être proposé d'innovant et d'« original ».

J'étais précisément cette « prof originale », qui ambitionnait de les amener, à l'issue des projets, à écrire des chansons, à les chanter et à les enregistrer en studio avec des équipes « pros ». À la sortie, nous avions le plaisir de présenter un CD aux parents/tuteurs, aux professeurs et au directeur de l'établissement. Une autre variante expérimentée fut de créer une émission de radio en partenariat avec une station locale, avec, à la clé, une journée entière de diffusion exceptionnelle qui serait le fruit de leur production de A à Z.

La communication était très difficile, le seul langage apaisé que je suis parvenue à établir avec eux fut celui de la musique : écoute et écriture. Et ce, en instaurant des groupes de paroles autour de thèmes qu'ils choisissaient et qui les touchaient.

Au terme de quelques semaines, la confiance s'était installée. Mon choix d'intervention était d'être véritablement à leur écoute tout en leur « opposant » mon point de vue, et en les amenant petit à petit à s'impliquer dans les projets. Nos séances étaient entrecoupées de temps d'écoute musicale : ils devaient apporter, sur un CD (c'était une autre époque !), les musiques qu'ils aimaient et nous les présenter… La bienveillance s'est finalement instaurée et ils parvinrent à se montrer globalement attentifs et rarement moqueurs. J'ai, quant à moi, pu parfaire grâce à eux l'étendue de mes connaissances musicales !

Certains matins, pourtant, ils étaient tellement démotivés et/ou sans entrain que je prenais l'initiative de les emmener à la cafétéria du lycée ! Au début, cela surprenait tout le monde, y compris les personnels du lieu ! Mais j'utilisais ces circonstances à bon escient : en effet, à chaque « moment cafet' », trois ou quatre d'entre eux étaient désignés pour prendre la commande de tous, aller la passer et la récupérer au bar ! Et, croyez-moi, c'était un exercice ardu pour tous. Cependant, une fois le challenge accompli, ils étaient sacrément fiers d'eux.

Quand les langues se délient

Que ce soit en studio ou en radio, ils ont fait preuve d'une belle créativité. Pour l'écriture, rien n'était censuré. Tout était libre. Le décollage fut laborieux : ils ne voulaient pas écrire. Les raisons invoquées étaient : « Je fais des fautes » ; « Je sais pas écrire » ; « J'écris mal, vous n'allez pas me comprendre, vous êtes sûre Madame qu'on peut mettre des gros mots ? » Je les encourageais inlassablement à ne pas appréhender ce qui allait sortir spontanément sous leur plume, leur répétant qu'il ne fallait pas qu'ils s'autocensurent, que je passerais les voir un à un et que nous verrions à ce moment-là le degré de « catastrophe » !

Ce que je mis en application. Et même lorsqu'il leur arrivait d'écrire quasi phonétiquement, le fait que je leur démontre, sans les juger, que je pouvais les lire et que je les comprenais les rendait réellement de plus en plus confiants.

Certains écrits étaient réellement « durs », comportant une multitude de « gros » mots. Nous corrigions les fautes d'orthographe, mettions en forme, faisions sonner les mots… Cela les réconciliait avec les règles de grammaire.

Cela se compliquait néanmoins lorsqu'il fallait passer à la mise en voix ! « Ok, les gars, maintenant vous allez lire vos productions à voix haute et à l'ensemble de la classe. » C'était le « deal », car nous devions faire le choix des textes et des morceaux que nous allions enregistrer.

Cette première étape était cruciale pour la suite. La deuxième étape se déroulerait en studio pour chanter, rapper, slamer leurs textes. En radio, ils seraient les chroniqueurs écoutés par des auditeurs.

Dans les deux cas, il fallait qu'ils passent le barrage de l'amplification de leur voix devant un public, leurs pairs, mais aussi devant les ingénieurs du son, etc.

À ce stade, tout changeait. En effet, il fallait alors s'exposer, se mettre à nu… et, pour commencer, devant la classe.

Et c'est à ce moment-là que je devenais véritablement leur « prof de voix » : ils m'ont toujours surnommée comme ça ! C'était un titre honorifique. J'étais leur prof à part, celle qui ne notait pas, qui ne jugeait pas, qui les laissait dire ce qu'ils voulaient…

Une place avantageuse par rapport aux enseignants plus « classiques » mais avec lesquels j'étais également complice.

En effet, un des objectifs de la démarche était de créer des passerelles et que cela fasse sens pour tous. Ainsi, leur prof de français s'est vite mise dans la boucle, notamment lorsqu'ils ont commencé à prendre conscience que cela valait le coup de bien écrire, même avec des gros mots ! Nous arrivions de fait à une cohésion d'ensemble et à une belle synergie qui permettait d'œuvrer dans une douce harmonie.

Bien sûr, il y avait des trublions, des « durs à cuire » particulièrement réfractaires, mais j'aime à penser que s'ils n'étaient pas encore prêts pour cette phase-là, ils auraient certainement à l'avenir une autre opportunité et un sursaut véritable.

En tout cas, pour ceux qui se sont accrochés, de belles histoires sont à conter.

La bonne voie

Le cas de Benjamin

Je me souviens de Benjamin, 17 ans, échoué là parce qu'il n'y avait pas d'autre choix pour lui : décrochage scolaire, difficultés relationnelles familiales, il vivait seul avec sa mère et avait un parcours dit « de délinquant ». Sa dernière grosse bêtise l'avait donc amené vers nous. J'en ai déduit par la suite qu'il y avait eu une sorte d'ultimatum lancé par le juge pour enfants à sa mère, à son éducateur et à lui-même : soit il décidait de se remettre sur les rails, soit, à sa majorité, ce serait tout droit la case incarcération. Il bénéficiait encore de la protection conférée par son statut de mineur, mais il savait qu'à l'issue de cette année il y aurait dans tous les cas un jugement. Il savait aussi que de sa conduite pouvait résulter des alternatives à la prison.

Benjamin a dit s'engager et vouloir s'en sortir à la signature du contrat MGI. Il ne s'est pas menti ! Il s'est surpris, et nous avec. Le changement s'est opéré lorsqu'il a été question de musique et de pouvoir exprimer tout ce qu'il voulait sans contraintes. Pour lui, ce fut un exutoire, il nous a « dégueulé » sa rage, son mal de vivre… Il a été productif : il a créé deux morceaux qu'il a interprétés. Il a évolué au fur et à mesure qu'il donnait vie à ses textes, en acceptant sans rechigner de les retravailler, d'en retirer certains passages… C'était comme si, d'un coup, il voulait le meilleur. Son éducateur notait les progrès de son côté. Ce fut une véritable révélation et une belle réussite pour Benjamin qui, de surcroît, s'est révélé bon élève et a continué à se former au terme de cette année-là. Mais ma surprise et mon soulagement furent complets quand, quelques semaines après la clôture de l'année MGI, je l'ai croisé en ville avec sa mère. Il m'a fait la bise et m'a annoncé que le jugement avait eu lieu : au vu de sa conduite exemplaire qui lui avait permis de relever le défi de « s'en sortir », il n'écopait au final que de quelques mois de travaux d'intérêt général aménagés les week-ends de façon qu'il puisse accomplir sa formation. Sa mère renchérit en me disant qu'elle avait « retrouvé » son fils et que, au travers des chansons qu'il avait écrites, elle l'avait mieux compris. Leurs relations étaient désormais bien meilleures.

Le cas de Hocine

Une autre année, j'ai été extrêmement touchée par les paroles d'un père à propos de son fils.

À l'issue des enregistrements en studio, à la fin de l'année MGI, un rituel avait lieu : nous nous faisions fort, avec toute l'équipe, d'organiser une remise des CD ou une écoute de l'émission de radio en présence des parents et du directeur de l'établissement qui nous hébergeait. En l'occurrence, il s'agissait du proviseur d'un lycée réputé du Sud-Ouest.

Ces parents, que nous avions du mal à convoquer par ailleurs, étaient facilement mobilisables ce jour-là, car ils étaient curieux de comprendre et de découvrir ce que leur ado difficile avait réussi à créer.

Lors d'une de ces remises de CD, je remarque un homme dans un coin, particulièrement discret. Le public était essentiellement féminin. Les discours venaient d'avoir lieu et nous convions nos invités au buffet.

Je m'approche de ce monsieur qui me dit être le papa de Hocine. Il faisait les trois-huit à l'usine et avait demandé à son chef l'autorisation de changer pour une fois son planning pour assister à cet événement.

Je lui exprime que je suis touchée et le remercie sincèrement de son attention, d'autant plus que peu de pères s'étaient déplacés. Alors il a ajouté : « Je suis venu rencontrer la personne qui a changé mon fils. Qui a fait qu'il est là tous les soirs à la maison, à travailler sur sa musique, à travailler pour les autres cours. Il est devenu si aimable. Je ne dis pas que des fois je n'ai pas élevé la voix, mais dans l'ensemble la paix est revenue chez nous. Je vous assure, Madame, que nous ne dormions plus la nuit... Alors, merci. »

Pour le coup, je restais sans voix. Bouleversée. Que cet homme ait modifié son emploi du temps professionnel à la fois pour soutenir son fils et pour exprimer sa reconnaissance est trop rare pour ne pas le souligner.

Hocine nous a ensuite rejoints et quelle joie de lire dans leur échange de regards le respect et l'admiration mêlés de fierté.

Exercice 13 : Améliorer votre diction

Lisez ou chantez plusieurs fois de suite, et rapidement, les phrases suivantes, le tout dans la bonne humeur.

- Ton thé t'a-t-il ôté ta toux tenace ? Mon thé ne m'a rien ôté du tout !

- Je veux et j'exige d'exquises excuses.
- Piano, panier ; panier, piano (trois fois de suite).
- Je vais chez ce cher Serge.
- Des blancs pains, des bancs peints, des bains pleins.
- Ah ! Pourquoi Pépita sans répit m'épies-tu ? Dans le puits Pépita pourquoi te tapis-tu ? Tu m'épies sans pitié, c'est piteux de m'épier. De m'épier, Pépita, pourrais-tu te passer ?
- Sur l'eau quand le coucou au court cou court, le coucou au court cou coule.
- Deux sous dessus deux choux, deux choux dessous deux sous.

L'essentiel à retenir

Quand nous parlons ou chantons, les silences ont aussi leur importance. Ils permettent de revenir à soi, de souffler, de s'écouter, mais également d'écouter les autres. Pour certaines personnes, accepter les silences implique de dépasser la peur du silence, du vide.

La voix peut être empêchée à cause de blocages qui remontent parfois à l'enfance. Il nous faut alors essayer de lâcher prise pour laisser derrière nous ces blocages. La parole peut également nous aider à exprimer notre colère et notre mal-être ; une fois la parole libérée, nous nous sentons mieux.

Dans les représentations collectives, le pouvoir équivaut à donner une impression de force par la voix. Nous aimerions que notre voix traduise une force, qu'elle exprime une personnalité forte.

CHAPITRE 6

LE COACHING VOCAL, UNE HISTOIRE DE RÉSONANCES ET D'ÉNERGIE

Au programme :

- Tout est vibration
- La voix suit notre thymie

Tout est vibration

Ce qui permet à votre voix de voyager vers l'autre : la vibration

Les mots, sous forme de texte lus, de paroles chantées, etc., prennent naissance dans un arrangement de sons, eux-mêmes issus de vibrations. Et ce sont ces ondes vibratoires qui nous touchent en premier, avant le sens du discours. Elles nous secouent gentiment, comme un léger souffle de vent, ou à la façon d'une tempête ; tout dépend de l'onde de choc émotionnelle.

Cette onde de choc vient « taper » au niveau du plexus solaire, un endroit que l'on désigne maintenant de plus en plus comme abritant notre « deuxième cerveau » – lequel, à mes yeux, devrait avoir le titre de premier cerveau. En effet, c'est ici que tout se déclenche en termes de réception et d'émission émotionnelles et que s'enclenchent des actions : « Je ressens alors je fais. »

Prenons le cas de l'exercice de « la main qui accompagne » posée au-dessus de la poitrine lors d'un exercice de vocalise, spécifiquement dans les sonorités médium-graves, que nous ressentons fortement.

Il est étonnant de s'entendre sous sa main. On découvre notre caisse de résonance naturelle ! Point besoin d'amplificateur : il suffit d'émettre certains sons et de dire certains mots pour constater ce phénomène, qui peut paraître un peu déroutant au départ.

On s'y habitue très vite. Ce travail de la main posée doit permettre au coaché de « pénétrer » dans son univers vibrant, de faire le lien entre toutes paroles prononcées et les vibrations qu'elles projettent en une onde sonore qui se dirige vers l'interlocuteur.

Au-delà de cette dimension pédagogique, ce geste revêt en outre un caractère sécurisant, rassurant, accompagnant pour soi.

Aussi cet apprentissage effectué plusieurs fois se répétera-t-il également aux stades suivants.

Lorsqu'on atteint un certain niveau de travail vocal, il est possible de parvenir à percevoir la vibration de chaque son émis, dans son mouvement de l'intérieur vers sa projection extérieure, et ce, sans pose de la main en guide. Ces sensations vibratoires ressenties qui parcourent notre corps nous confèrent une sensation de puissance. Lorsqu'on travaille sa voix, que l'on gère bien son souffle, on actionne de manière optimale un système de soufflerie, de vibrateur, de résonateur et un réseau articulatoire. Ces quatre éléments constituent la machine à « faire du son et de la parole », associée au cerveau et au cœur. Il y a une tête et de l'affectif. Le tout est à maintenir en bonne place afin d'agencer le mieux possible l'alignement tête-corps-cœur.

L'intensité de la voix

L'intensité est la puissance de la voix et le niveau du cycle de la corde vocale. On parle d'amplitude de la vibration. Quant à la hauteur de la voix, elle correspond au nombre de vibrations. Enfin, le timbre représente la forme de la vibration. En ce qui concerne l'intensité, forte ou faible, elle n'est pas très informative et significative sur une voix, à une période où il existe des amplificateurs de toutes sortes : enceintes, amplis, un micro avec ampli permettent, par exemple, de pousser une voix en termes de volume, ce qui peut tronquer une voix réelle. C'est pourquoi l'intensité est difficilement mesurable, car il n'y a pas de normes pour ces paramètres, il n'existe que des moyennes. L'intensité peut varier au sein d'un mot, en fonction d'un accent d'insistance, en fonction du lieu d'habitation, de l'environnement professionnel et social. L'intensité est probablement le paramètre qui traduit le plus l'environnement social : il y a des familles où l'on parle fort et des familles où l'on parle doucement. Cela nous indique à quel point l'environnement de notre vécu enfant peut avoir une influence non négligeable sur notre façon de nous exprimer.

L'échelle de notes

J'ai créé l'exercice de « l'échelle de notes » à l'issue d'une de mes formations en psychophonie avec Anne Vasseur-Gilbert (chanteuse et psychophoniste).

Dans mon protocole de base, cet entraînement intervient avant les vocalises. Il est pour moi une manière de préparer la partie sonore en douceur. Et pour reprendre l'expression d'Anne Vasseur-Gilbert, il permet de « se masser du dedans ».

Exercice 14 : L'échelle de notes

Cet exercice nous invite à découvrir notre « appareil vibratoire ». L'échelle de notes suit la gamme montante d'un son, du plus grave au plus aigu.

Assis le dos bien droit, les pieds bien à plat au sol, posez une main au-dessus de la poitrine (afin de ressentir votre corps vibrer). Lèvres closes, émettez un premier son, le plus grave possible, en continu, jusqu'à ce que vous ayez besoin de reprendre votre souffle. Après avoir repris une inspiration, émettez un nouveau son une note au-dessus. Et ainsi de suite jusqu'à ce que vous sentiez que vous ne pouvez pas aller plus loin.

https://www.editions-eyrolles.com/go/trouver_sa_voix_piste08

La voix suit notre thymie

Les émotions et la voix

Notre voix peut nous « surprendre », voire nous « trahir » de manière assez imprévisible.

Il est vrai que pour une oreille aguerrie, tout s'entend dans la voix… Surtout lorsque l'on essaie de masquer une émotion en voulant exprimer une émotion inverse. Si, par exemple, nous sommes excédé, en colère, mais que nous tentons dans le même temps de nous contenir, notre voix va trembloter. Si nous sommes triste, notre voix est en retrait, gorge serrée. Tout s'entend : le ton joyeux, fatigué, condescendant…

Ce sont les émotions qui nous mènent… cela se passe au niveau du plexus, quand par exemple une nouvelle nous fait l'effet d'un uppercut, nous coupe le souffle… Une nouvelle bonne, triste, mauvaise peut nous laisser sans voix, nous serrer la gorge. Il faut bien repérer ce qu'il se passe en nous lorsqu'une nouvelle ou un événement vient déstabiliser notre équilibre.

Comment, alors, arriver à contourner ou à faire quelque chose de notre voix à ce moment-là précisément ? Comment accueillir tout cela ? On peut faire appel à « la musique et au chant, qui sont consolateurs... Ils sont une poésie à partager[15] ».

« Quelle est notre voix authentique ? Celle des années qu'il me reste à m'exprimer. » Notre voix ne peut être que « qui l'on est » en permanence.

Quand l'émotion prend le dessus

L'exemple de mon intervention auprès de Christian illustre bien à quel point les émotions peuvent troubler fortement notre discours et nous mettre « en danger » professionnellement.

J'ai été appelée en « urgence » – cela arrive quelquefois – pour accompagner Christian, cadre supérieur, qui devait présenter pour la deuxième fois, à un mois d'intervalle, la suite des résultats de l'année écoulée et la feuille de route pour l'année à venir d'un projet dans lequel une grande partie du public présent, à savoir préfets, institutionnels et chefs d'entreprise de la région, au total 250 personnes, était partie prenante.

Jusque-là, rien d'extraordinaire, si ce n'est que la première présentation de Christian, qui avait eu lieu une semaine auparavant – avant mon arrivée – pouvait être qualifiée d'« échec cuisant ».

La salle l'avait hué car il bafouillait et se trompait dans les chiffres donnés qui, pourtant, étaient affichés grâce à un rétroprojecteur. Au fil de sa présentation, il ne trouvait plus ses mots au point qu'un de ses pairs dut prendre le relais sur scène.

Christian était effondré et ne s'expliquait pas qu'il ait pu être aussi « mauvais » alors qu'il avait si bien préparé ce séminaire.

Ses supérieurs et ses collègues ne se privèrent pas de commenter la séquence pendant le cocktail qui suivit (il avait eu le cran de rester) et il était la risée de tous.

15. Interview de Shani Diluka réalisée par Eva Bester dans l'émission « Remède à la mélancolie » sur France Inter, *op. cit.*

Révélation

À la suite de cet événement, Christian prit quelques jours de repos. À son grand étonnement, lorsqu'il fut de retour, ses supérieurs lui firent la proposition suivante : dépasser cet échec et relever le défi d'assurer la deuxième journée prévue. Ils avaient confiance en lui et lui proposaient de véritablement se challenger pour sortir victorieux de ce mauvais pas.

Pour cela, ils lui offraient d'être coaché pour sa future prise de parole. Ce qu'il accepta, non sans une certaine appréhension. Et c'est là que j'intervins.

Lors de la première séance et une fois que le décor de ce qui s'était produit fut posé, de même que le challenge à relever avec une peur bleue au ventre, je lui demandai :

« Christian, vous me dites avoir bien préparé et connaître le sujet que vous deviez présenter, ne pas comprendre ce trouble qui a soudainement surgi et persisté au point d'en perdre tout contrôle. Se serait-il produit quelque chose de particulier le matin même ? Ou au début de la présentation ? Une réflexion lancée ? Autre chose ?

– Non, vraiment, tout était parfait.

– Même quelque chose qui pourrait vous sembler anodin ? Ou qui aurait trait à votre vie personnelle ?

– Oh mon Dieu, oui ! Le matin même, en arrivant sur les lieux du séminaire, j'ai reçu un appel de mon épouse qui m'informait que mon père venait d'être hospitalisé d'urgence. »

Et voilà, nous y étions, sur ce sujet émotionnel important qui a tant perturbé la présentation de Christian.

Après le message reçu émanant de sa femme, il a « encaissé », pris sur lui la nouvelle, et enfoui cette information dans une forme de déni et de loyauté vis-à-vis de son travail, qui, pensait-il alors, devait lui permettre de passer le cap du séminaire et de résoudre plus tard « le problème de santé de [son] père »…

Mais le résultat fut tout autre, car la dimension émotionnelle prit le dessus sur le physique, ce qui a engendré bafouillements, trébuchements sur des mots, confusions des informations à transmettre…

Ce qui peut sembler incroyable, à tout le moins étonnant, c'est que Christian ne comprenait pas pourquoi cela lui était arrivé. Il avait vraiment mis l'hospitalisation de son père entre parenthèses. Mais dès lors que les mots justes et les blocages sont révélés, en revanche, tout devient simple et léger. Le travail de la voix peut alors se poursuivre de manière fluide.

Reprendre confiance en soi

J'ai axé le travail sur :

- l'espace scénique (nous avons eu la chance de travailler dans la salle où aurait lieu la deuxième journée de séminaire) ;
- la posture ;
- reprendre sa place.

Le jour J est arrivé et Christian a bravé les premières secondes où le public, le voyant apparaître, se manifesta en écho à l'expérience précédente. Mais très vite, et par une pirouette humoristique sur sa précédente intervention, il parvint à faire rire la salle.

Christian a brillamment réussi ce nouvel oral et je sais aujourd'hui qu'il prend véritablement du plaisir à être sur scène. Il a dépassé ses peurs. Il est infiniment reconnaissant envers ses supérieurs de lui avoir témoigné leur confiance.

Adopter le mode « tongs »

Le mode « tongs » ou « pause de la voix » est un mode de temps à soi, précieux dans notre existence, que nous nous accordons peu, voire pas du tout… Il consiste à s'écouter, à s'accorder des

« espaces-temps » quotidiens pour nous poser, juste nous avec nous-même.

Faire silence, c'est être à l'écoute de soi au maximum et aussi savoir repérer et ressentir le moment où les choses deviennent tendues et nous intiment de nous arrêter. Que ce soit le corps ou notre cerveau qui chauffe, si l'on ne s'accorde pas une pause, qui peut aller de cinq minutes (au quotidien) à plusieurs jours (des vacances), on risque, comme on dit, de « craquer » : on est à *bout de souffle !*

À bout de souffle

Ce fut cette drôle d'expérience que traversa Antoine, top manager dans le secteur de l'énergie. Nous étions à mi-parcours du coaching vocal.

Antoine était toujours très ponctuel, ou alors n'omettait jamais de prévenir s'il avait du retard. Je l'accompagnais sur ses présentations orales de dossiers à forts enjeux financiers (plusieurs millions d'euros, d'où la pression associée). Ce jour-là, le rendez-vous était fixé à 17 h 30. À 17 h 45, j'étais étonnée de ne pas le voir arriver. À 18 h 05, je commençai à trouver cela anormal, mon regard allant de mon carnet de rendez-vous (était-ce bien le jour ?) au téléphone. Rien, pas de message. Bizarre… Je me laisse jusqu'à 18 h 30 et là, je l'appelle. À la troisième sonnerie, Antoine décroche et me dit sur un ton un peu agacé :

« J'arrive, je cherche une place et n'en trouve pas.

– Ah, désolée (endossant par là même la responsabilité de l'encombrement de la voierie). Il y a un parking rue de Rennes ou Saint-Sulpice…

– Oui, je sais, j'y vais. À tout de suite.

– Pas de problème, prenez votre temps. »

Je ne présage pas de la suite mais je décide tout de même de me fier à mon intuition : même si j'entends d'abord dans la voix d'Antoine son agacement lié à sa recherche de place, je ressens quelque chose d'inhabituel. Donc, avant son arrivée, je prends la décision d'écourter cette séance et de ne prendre avec lui qu'un temps de pause.

Antoine arrive. Je ne l'ai jamais vu dans cet état. Il a le visage fermé, ses épaules à elles seules expriment son « ras-le-bol ». Le tout me met mal à l'aise ; un pressentiment…

Il s'assoit et ses premiers mots, dans un souffle :

« Je vais tout arrêter !

– Ok ! Nous allons en parler, mais avant souhaitez-vous un thé, un jus de fruits ? (Je tente un léger détournement, un petit temps de respiration.)

– Un verre d'eau. »

Je lui parle tout le temps où je prépare le verre d'eau, je sens qu'il ne faut pas le lâcher. Notre discussion s'engage, ou tout au moins je l'écoute. Sa voix est chevrotante. Il me dit qu'il est à saturation, qu'il n'aurait jamais dû prendre ce poste, qu'il se sent bon à rien. Je lui demande ce qui a déclenché ça. Il ne me dit rien.

Prendre le temps de souffler

Je lui demande des nouvelles des derniers dossiers qu'il a défendus. Comme à l'accoutumée, il a tout réussi et obtenu ce qu'il voulait. Ce n'est pas ça, il en marre, il n'est pas bien, fatigué.

Je lui dis : « Antoine, si je comprends bien, tout roule, même mieux que vous ne pensez ! Une question : depuis combien de temps n'avez-vous pas pris de congés ? Je vous sens à cran ! Je sais que vous avez adopté une amplitude horaire phénoménale au bureau. Mais vous vous posez quand ? »

Antoine, sur la défensive : « Je dois montrer l'exemple. Cela ne fait que six mois que je suis en poste, il y a beaucoup de choses à faire, de dossiers à traiter…

– Et des temps de pause ? Même chez vous ?

– Il n'y en a pas et je ne peux pas en prendre. Trop de dossiers, je vous dis.

– Et déléguer ?

– Ah non…

– Pas de congés, pas de temps de pause, pas de délégations possibles, et vous vous étonnez de craquer ? Vous avez raison, arrêtez tout.

– Et que voulez-vous que je fasse ?

– L'exercice du mode "tongs" !

– Le mode quoi ?

– Le mode "tongs", qui se déroule de la manière suivante : je pause, je décroche, là, dans l'immédiat, je coupe tout, en principe quelques minutes par jour. Là, et ce n'est qu'une suggestion, plusieurs jours, ce serait idéal ! Ainsi, je me repose, je prends soin de moi, je mets ma voix en off. »

Antoine me regarde, ahuri.

Je reprends : « Antoine, même si je présuppose votre réponse, sachant que nous sommes mercredi, pensez-vous possible de poser les journées de vendredi et lundi qui arrivent ? »

À ma grande surprise, il attrape son agenda et le consulte. Il convient pouvoir se débrouiller pour vendredi et la matinée de lundi, car l'après-midi il a une réunion à laquelle il ne peut déroger.

Cette respiration qu'il s'est accordée a simplement permis qu'il prenne conscience du temps qu'il ne s'accordait plus ou pas, que tout passait dans son travail jusqu'à saturation. Du coup, plus de respirations. Il fonctionnait en circuit fermé au sens propre comme au figuré, car il était en apnée permanente, provoquant des moments de panique. Cette séance fut pour Antoine la prise de conscience que sa vie devait avoir un autre sens, un autre rythme. Il se rendit compte que sa santé était précieuse, et qu'il prenait sérieusement le risque de passer à côté de ses projets personnels – nombreux – s'il s'entêtait sur cette voie de la recherche et de l'exigence permanentes de l'excellence.

Par la suite, Antoine a fait un bilan de santé et, surtout, il est parvenu à intégrer le mode « tongs » dans son quotidien. Il a réussi à harmoniser sa vie professionnelle avec sa vie personnelle.

Exercice 15 : Le mode « tongs »

Le mode « tongs » peut se réaliser dans différentes situations. Dans tous les cas, le but est de s'accorder du temps à soi. Peu importe dans quelle situation vous êtes, veillez à enclencher systématiquement un minuteur et à couper votre portable.

Cas n °1 : plusieurs micro-pauses dans la journée

Vous pouvez vous accorder plusieurs moments de pause dans la journée. Cela peut aller de 5 à 15 minutes (pas plus !).

Fermez la porte de votre bureau. Prenez place à un endroit autre que votre siège habituel.

Plusieurs options s'offrent à vous :

- rester en silence et fermer les yeux ;
- écouter un morceau qui vous donne la pêche ou vous repose ;
- s'étirer, bâiller, respirer ;
- …

Cas n °2 : une pause d'une heure

Si vous avez une bonne heure devant vous, vous pouvez :

- sortir prendre l'air ;
- si ce moment est à l'heure du déjeuner et que vous êtes accompagné, faites un vrai break boulot en bannissant de vos conversations les dossiers en cours, le sujet de la réunion du matin…

Cas n °3 : une pause d'un ou plusieurs jours

Si vous avez la possibilité de poser des jours de RTT ou des congés, prenez-les, surtout lorsque vous vous sentez fatigué et que vous avez la sensation que tout va exploser. Écoutez-vous ! Cela sera bien plus bénéfique que de tenter coûte que coûte d'aller au-delà de vos limites.

Bien souvent, votre corps et même votre voix vous envoient des signaux de faiblesse physiques. Donc sachez « écouter » ces signes et poser de un jour à une semaine de repos salvateur.

Pourquoi souffler est important

Dans le cadre d'un coaching vocal, l'écoute minutieuse de son coaché est primordiale. Il est absolument fondamental pour le coaché de s'accorder de vrais temps de respiration, car cela joue véritablement sur la voix. Une voix qui ne se repose pas à cause du rythme de vie que l'on s'impose risque de craquer : fatigué, on s'agace, on ne contrôle pas ses mots, on peut même perdre la voix…

La voix étant « tout le corps », si on n'est pas à l'écoute de soi, en « soin de soi », on lâche dans le mauvais sens… D'où cette importance primordiale de s'accorder de vrais temps de pause. Ces quelques minutes pendant lesquelles on ferme la porte de son bureau et on s'accorde un véritable temps de pause sont un moment salvateur.

Antoine ne prenait pas le temps de se poser. Ce coaching lui a permis de lâcher vocalement quelque chose de « lourd », qui s'est ressenti positivement durant les séances suivantes.

Entendre la sonnette d'alarme

Souvent, nous identifions cette « sonnette d'alarme » qui nous dit que nous allons trop loin. Mais nous persistons à repousser ce moment de pause. On se dit « c'est bon, ça va passer », « on est plus fort que tout ». Certains prendront des substances pour tenir le coup, se dépasser… Bref, on ne s'écoute pas, jusqu'à tomber !

Cela vaut pour tout le monde, du cadre dirigeant à la maman débordée, et/ou les deux à la fois. Écoutez votre petite voix intérieure !

C'est pourquoi il est important de mettre en place cette réécoute de soi maximale, d'être en alerte, de faire son bulletin météo tous les matins.

Exercice 16 : Les respirations

Différents exercices de respiration sont ici proposés :

- inspirer, retenir et souffler ;
- inspirer et expirer le plus longuement possible sur un débit d'air régulier ;
- inspirer et siffler le plus longuement possible sur un débit d'air régulier (variante de l'exercice précédent).

https://www.editions-eyrolles.com/go/trouver_sa_voix_piste06

L'essentiel à retenir

Quand nous posons notre main sur notre poitrine et que nous émettons un son, nous sentons qu'elle vibre. Lorsque nous entendons un chant ou un discours, ce n'est pas le sens des mots qui nous touche en premier mais les ondes vibratoires dégagées par l'émetteur des mots.

La voix est révélatrice de notre état émotionnel. Si nous sommes en colère mais que nous tentons de la contenir ou de la masquer, notre voix va trembloter. Si notre gorge est serrée parce que nous nous retenons de pleurer, notre voix va être en retrait, voire bloquée. A contrario, une bonne nouvelle peut nous laisser sans voix !

L'intensité de la voix peut varier au sein même d'un mot en fonction de notre accent (régional ou d'insistance) et de notre environnement professionnel et social. Si vous venez d'une famille où l'on parle fort, il est probable que, naturellement, vous parliez fort aussi, alors que pour une personne venant d'une famille où l'on parle doucement, atteindre votre intensité de voix nécessitera un effort.

Prendre du temps pour soi est important car c'est l'ensemble de notre corps qui permet à la voix de sortir. Par conséquent, si nous ne soufflons jamais, notre santé peut en pâtir, et cela se répercute sur notre voix.

PARTIE 3

UN COACHING VOCAL POUR AFFIRMER SA PERSONNALITÉ

Dans cette dernière partie, le coaching vocal entame sa dernière grande étape. Il s'installe dans un rythme de croisière harmonieux, avant la dernière ligne droite et la fin de ce « voyage » vocal.

Ici, nous aborderons tout particulièrement le plaisir d'être avec sa voix, d'en tester les multiples capacités peu à peu révélées une fois certaines frontières repoussées, une fois les peurs laissées progressivement de côté, ainsi que le plaisir de vouloir et de pouvoir pousser sa voix, d'aller plus loin.

Ce sera aussi le temps où le coaché va comptabiliser ses victoires, juste avant d'être « fin prêt » pour le dernier abordage : celui où il va avancer seul sur sa voie royale, sans son coach, sans appréhension (ou nettement amoindrie), avec pour solides bagages sa voix, parlée et/ou chantée, et le grand Soi, transportable partout… Le coaché aura atteint son objectif et sera totalement rassuré et assuré que, quoi qu'il arrive, cette nouvelle voix « qu'il a » acquise sera toujours là, indéboulonnable. Il saura en prendre soin. Et c'est là un grand soulagement…

CHAPITRE 7

LE COACHING VOCAL, UNE HISTOIRE DE CADENCE À SOI

« La lenteur à laquelle vous allez n'a pas d'importance tant que vous ne vous arrêtez pas. »

Confucius

Au programme :

- **Tout est rythme**
- **Tout est unisson**

Tout est rythme

Chacun sa voix, chacun son rythme

À ce stade, le coaché a créé et installé les « bons » automatismes qui font qu'il se sent bien avec sa voix, bien avec lui-même. Cela s'observe notamment à travers deux nouvelles postures qu'il a intégrées et qu'il maîtrise désormais :

- l'inspiration et la respiration de départ ;
- être à l'écoute de son rythme, de son débit.

Le coaché pose et impose, maintenant qu'il a appris à le faire, son rythme (débit, souffle, respiration) à son auditoire qui, de fait, s'accorde avec lui.

Émilie, à l'époque en recherche d'emploi dans le secteur du luxe

« À chaque entretien passé, je travaillais ma posture mais surtout ma respiration et je posais mon rythme. J'étais très attentive à mon inspiration de départ car, comme l'exprimait Virginie à juste titre, tout est au commencement. Et, franchement, cela fonctionnait, j'étais beaucoup plus à l'aise, centrée sur moi et le sujet et non sur ce que pouvait penser de moi mon interlocuteur. Aujourd'hui, j'applique toujours cela en réunion ou ailleurs, je dirais même que cela fait partie de moi. C'est devenu naturel et, quelquefois, je note que j'impose mon rythme à mes partenaires, dans le sens où ils soufflent et respirent en même temps que moi. Je trouve ça formidable, ce sentiment de donner le ton sans forcer ou imposer. »

Cette prise de conscience revêt un côté magique. En effet, bien prendre sa respiration pose et impose (implicitement) notre rythme, notre tempo. Dit autrement, cela nous permet de nous exposer avec assurance tel que l'on est, sans risquer de nous laisser envahir par le rythme de l'autre.

À ce palier décisif, nous sommes aussi allégé de certains complexes. Nous osons davantage nous montrer et nous commençons à ressentir une certaine tendresse pour notre expression vocale. Le coaché n'est plus une voix empêchée, il s'exprime corps et âme.

Ludivine, étudiante

« Je me suis rendu compte qu'en pratiquant les exercices de respiration, le souffle s'installait mieux mais, surtout, que la respiration est primordiale lorsque je passe un oral. Je remarque que j'ai davantage d'assurance quand je réalise bien ces exercices devant un jury, une classe, etc. Ce qui m'aide beaucoup avant d'y aller, c'est cette petite phrase magique que Virginie m'a répétée : « Surtout, prends du plaisir, amuse-toi. » Ensuite, c'est de prendre la bonne posture, de bien me positionner, « d'être bien sur mes pieds », de me tenir droite, de faire attention à mes épaules et de prendre une bonne inspiration, en me répétant à nouveau la fameuse petite phrase... J'ai eu 17 à l'oral au bac de français... Preuve que ça marche, moi qui étais muette comme une carpe ! »

Le coaché est voix vivante et corps vivant ! Il se manifeste à travers sa voix, son regard, son corps. Ce qui bouge, ce qui se transmute en lui, intérieurement, se remarque extérieurement... Le coaching vocal l'aide en quelque sorte à endosser enfin une nouvelle « garde-robe » qui lui va mieux, simplement.

Exercice 17 : Le vent

Voici un nouvel exercice sur le souffle qui, au-delà de travailler autrement la respiration, vous permettra de vous vider la tête. Je vous invite à imiter le vent de deux façons.

Une petite brise légère

Prenez une grande inspiration, gonflez les joues et, sur un débit d'air régulier, laissez échapper l'air de façon légère. Pensez par exemple au vent doux et irrégulier qui se fait sentir sur les bords de mer.

La tempête

De nouveau, prenez une grande inspiration et gonflez les joues. Cette fois-ci, laissez aller l'air avec force et grande énergie. Imaginez vouloir soulever du sable, à l'image des tempêtes dans le désert.

https://www.editions-eyrolles.com/go/trouver_sa_voix_piste06bis

De l'importance de dire bonjour avant une allocution

Voici le cas de Gaëlle, cadre brillante qui excelle dans son domaine.

Gaëlle, cadre

« J'aime mon métier et défendre comme il se doit mes dossiers. Seulement, dès que l'auditoire excède 10-15 personnes, j'en suis malade ; je suis morte de trouille. Je me sens empêtrée, mon physique me gêne lorsque je suis sous "les projecteurs". Je précise que mon public est bien souvent majoritairement masculin. Ce qui me vaut quelques remarques déplacées et anonymes. Ou encore des regards qui me mettent mal à l'aise.

Et là, dernièrement, j'ai fait une présentation catastrophique, à tel point que cela a été pointé par certaines personnes à l'issue de mon intervention. Je suis catastrophée rien que d'y penser... Pourtant, je connaissais mon dossier sur le bout des doigts ! »

Elle s'écroule alors et m'explique que c'est pour cette raison qu'elle vient me voir. Je lui pose alors une série de questions :

« Hum... Bien ! Ma première question, Gaëlle : allez-vous retrouver ce public ?

– Malheureusement, oui...

– Vous rappelez-vous du commencement de votre intervention ?

– Si je m'en souviens ? Oh, que oui... J'étais installée avec le public dans l'auditorium quand ce fut mon tour d'atteindre l'estrade. Je ne me sentais pas bien du tout, même si je connaissais mon sujet sur le bout des doigts ! Arrivée au pupitre, je démarre direct puis j'ai la mauvaise idée de me déplacer. Je gesticule dans tous les sens, me place mal devant les *slides*, parle à toute vitesse ! Bref, nulle...

– Mais non, mais non... Et cependant, je pressens déjà une petite omission qui a son importance. Lorsque vous dites y être allée directement, vous leur avez dit “bonjour, merci de cette invitation”… ?

– Eh bien, non… Je n’ai pas dit bonjour… et je m’aperçois que c’est rare que je dise bonjour. Je vous le dis, je suis dans un tel état de stress que je ne leur dis pas bonjour ! Mais c’est grave ! »

Gaëlle pleure à nouveau.

« Mais non, ce n’est pas grave, je pense que nous venons de trouver ce qui fait que vous ne démarrez pas sereinement vos interventions. Il n’y a pas de pause et, du coup, votre prise de parole se fait à un rythme déchaîné… Essayons quelque chose, Gaëlle. Je vous invite à vous mettre debout et nous allons jouer le début d’une intervention que vous allez introduire systématiquement par “bonjour, je vous remercie de votre accueil” ou “je vous remercie de votre présence”, et vous enchaînez sur le sujet. Ou alors “aujourd’hui je vous présente bla bla bla”, ou encore “pour faire suite à ce qui vient d’être présenté par mon confrère, je vais aborder bla bla bla”, ou bien “à la différence de ma consœur, mon sujet portera sur bla bla bla”. »

Gaëlle s’essaie à l’exercice. C’est un peu compliqué, car elle est perturbée par sa récente prise de conscience : celle de ne pas arriver à dire bonjour, de ne pas prendre le temps d’introduire posément son propos.

Au bout de quelques essais infructueux, le déclic se fait, et ça fonctionne. Elle relève même que, de surcroît, le fait de dire bonjour est non seulement simple mais lui procure aussi la respiration, le rythme… C’est fluide.

Dans cet exemple, Gaëlle a vraiment eu le déclenchement dès la première séance. Je lui ai proposé d’emblée une mise en situation avant de faire les exercices de base.

Par la suite, elle s’est exercée avec ses équipes – qui sont un public facile pour elle – à commencer ses interventions par un « bonjour » accompagné d’une petite phrase choisie selon la circonstance. Depuis, j'ose dire qu'elle s'éclate, que plus rien ne fait barrage, si ce n'est un petit battement de cœur rapide avant de s'exprimer. Elle est très bien dans sa peau !

Une voix et un corps en accord !

Exercice 18 : S'entraîner à saluer un auditoire

Même si cela peut sembler une évidence, n'oubliez pas, après avoir respiré, de saluer votre auditoire. Pour ce faire, entraînez-vous devant un miroir à prononcer le début de votre discours.

- respirez ;
- commencez par dire « bonjour » ;
- enchaînez avec une petite phrase de politesse comme « C'est avec plaisir que nous vous accueillons… » ou « Merci à tous d'être là… » ;
- commencez votre allocution.

Tout est unisson

Être à l'unisson des autres voix

Le coaché doit aussi savoir être accordé avec les autres voix. Seule condition : avoir l'écoute exacerbée ! Pratiquez l'écoute exacerbée des personnes dont vous souhaitez qu'elles vous écoutent.

Exemple, en voix parlée, au cours d'une réunion : le coaché impose son rythme, certes, mais il laisse aussi à chacun la place, la latitude pour s'exprimer. Il écoute et intervient uniquement quand cela lui paraît approprié… Il fait équipe et il n'est plus seulement soliste, sauf lorsque c'est nécessaire.

Exemple, en voix chantée : le coaché sait faire chœur avec le chœur ! Là aussi, il prendra et respectera le registre de voix dans lequel il se trouve, son rythme, ses silences…

Camille, cadre

Avant ce coaching, j'étais régulièrement frustrée, j'avais le sentiment de ne pas être écoutée ni comprise dans des situations de groupe. Je me sentais la fausse note de mon équipe. Dès que je prenais la parole, c'était soit trop tôt, soit trop tard, et mes remarques tombaient toujours à plat. J'ai fini par me faire de plus en plus discrète. Dès la première séance de coaching, j'ai pris conscience que le regard des autres ne dépendait que de moi : de mon envie, de mon assurance. Et, tout au long de ces séances, j'ai appris à me connaître, à identifier mes vraies envies, à affirmer mes convictions. Je me suis sentie de plus en plus à l'aise à l'intérieur du groupe. Ma voix s'est comme « unie au groupe », oserais-je dire. Ma voix et celles de l'équipe s'expriment désormais à l'unisson. Nous disposons tous d'une force intérieure : à chacun de nous de la transformer au service de nos projets. Voilà ce que m'a apporté ce coaching : une prise de conscience de mes capacités. Rien n'est impossible. Et à partir du moment où on est en harmonie avec soi-même, on peut l'être avec les autres.

Être le chef d'orchestre

Maddy dirige une entité de 350 personnes depuis peu et les défis qu'elle doit relever dans le cadre de ses fonctions sont nombreux. Elle a notamment pour missions de :

- réaffirmer les valeurs du bien travailler ensemble ;
- ré-enchanter les collaborateurs d'un pôle relation clients à travers un projet collectif ;
- garantir leur engagement quotidien autour des objectifs et du service aux clients ;
- réinstaller la direction des opérations au centre de l'activité de la filiale.

Le rêve de Maddy est d'être « la chef des voix de ses équipes » dans le bon sens du terme. Elle a à cœur que toutes les personnes qui travaillent sous sa direction se sentent bien.

À la prise de son poste, la dysharmonie règne. Elle adopte alors un comportement simple et efficace, à savoir saluer systématiquement tous les matins toutes les personnes présentes dans le service : la femme de ménage, l'hôtesse d'accueil, le cadre… D'abord, cela surprend un peu et les retours se font du bout des lèvres. La peur de savoir « à quelle sauce ils vont être mangés » domine dans un premier temps. Mais Maddy persévère : c'est son truc de considérer l'autre. Et la magie opère au fur et à mesure. Les gens se parlent et se décrispent.

Au moment de notre rencontre, Maddy souhaite gravir une étape de plus et désire que je l'accompagne dans la préparation de ses interventions en public. Son premier gros challenge est un séminaire auprès de la communauté des managers de proximité.

Pour ce projet, nous avons d'abord pratiqué quelques exercices de respiration, puis j'ai axé sur la mise en situation : je lui ai demandé de s'exercer à s'exprimer oralement à partir des notes qu'elle a préparées pour sa présentation. Un des exercices pratiques qui a le mieux fonctionné fut celui de l'interview sur « Radio Virginie », mon émission de radio dédiée uniquement à mon travail avec mes coachés.

Maddy, dirigeante

« Dès la première séance, je me suis sentie totalement en confiance. Et, en très peu de temps, Virginie m'a permis de réaliser les ajustements nécessaires pour que mes interventions en public soient percutantes tout en restant sincères et authentiques (ce qui est primordial pour moi). Je réécoute avec beaucoup de plaisir les interviews sur "Radio Virginie". Je revisite mes idées et retravaille le fond comme la forme. J'utilise également mes notes prises en séance. Grâce à ce coaching, j'ai progressé, notamment sur la structure de mes interventions et sur la force des mots choisis et utilisés. »

Aborder sa voix de cette façon a permis à Maddy de remporter une belle victoire et d'atteindre ses objectifs lors de ce séminaire : donner envie à ses équipes de managers d'aller de l'avant et réaliser sa présentation en restant elle-même.

Je dirais que, au cours de ce coaching, Maddy « a appris et intégré » le sens de la mesure. Elle œuvre désormais avec justesse auprès de ses équipes et, lors des grands-messes, elle bat la mesure sans s'emballer, tout en affichant sa très belle personnalité.

Maddy (suite)

« Les séances avec Virginie ont été pour moi de précieuses bulles d'oxygène lors de ma prise de poste : par son écoute, sa bienveillance, son professionnalisme, Virginie m'a aidée à progresser dans mes prises de parole en public, autant sur la forme que sur le fond. Aujourd'hui, je réfléchis à solliciter Virginie pour accompagner mes managers de proximité à prendre la parole en public, pour leur expliquer et leur transmettre cette notion de mieux s'écouter pour mieux "chanter ensemble à l'unisson"... et ainsi libérer leur parole, être plus assurés. »

J'ai régulièrement recours à ce parallèle si parlant et si évocateur entre le « dirigeant/manager » (ou, plus généralement, toute personne ayant à mener une équipe) et le « chef d'orchestre ».

Tout comme le chef d'orchestre, le dirigeant a à rendre cohérent le jeu de l'ensemble, notamment en imposant une pulsation commune à ses équipes, pour que ceux-ci jouent en mesure et de façon juste. Il a le devoir de relever les défauts de mise en place, en ajustant les différentes phases d'un projet, par exemple.

Pour le dirigeant, le challenge est de taille, car il doit faire exécuter simultanément un projet collectif par plusieurs personnes qui, toutes, ont leur propre vision du plan et leur spécificité d'action et, parfois, pas d'atomes crochus les uns avec les autres (en effet, un orchestre/une équipe est une grande famille où des tensions naissent parfois...).

Le chef d'orchestre joue un rôle essentiel en fédérant, *via* son expérience, son autorité, sa notoriété, une communauté autour de challenges à relever. Cependant, il ne doit pas oublier de remercier ses équipes et de les considérer.

La reconnaissance est importante… et dans les deux sens. C'est ce qu'a appliqué Maddy.

L'essentiel à retenir

Dans une prise de parole, quelle qu'elle soit, tout est au commencement. Il ne faut pas oublier de prendre le temps de respirer avant même de commencer l'expression orale. Lors d'un entretien, faites en sorte que votre interlocuteur se mette à votre rythme. Ou, dans une moindre mesure, essayez de ne pas vous laisser « envahir » par son rythme qui pourrait vous faire perdre vos moyens.

Osez prendre votre place après avoir pris la note avec le groupe.

La force des mots choisis et utilisés pour vos discours fera la différence.

Tout comme le chef d'orchestre, donnez le bon tempo à vos équipes.

Dans le cadre d'une présentation de bilan de fin d'année avec vos équipes, il est important de souligner les victoires en premier.

Prenez en considération vos équipes.

CHAPITRE 8

LE COACHING VOCAL, UNE HISTOIRE DE VOIX ET DE VOIE

« […] chanter,
Rêver, rire, passer, être seul, être libre,
Avoir l'œil qui regarde bien, la voix qui vibre […] »

Cyrano de Bergerac, Edmond Rostand

Au programme :

- **Tout est affirmation**
- **Tout est intention**
- **Tout est destination**

Tout est affirmation

Affirmer sa liberté vocale

Le coaché sait désormais ce qu'il veut ou, du moins, ce qu'il ne veut pas ou ne veut plus. Il atteint ce palier décisif à partir duquel il va devoir s'engager avec lui-même et s'investir pour lui-même.

Si le coaché parvient à ce stade, cela signifie qu'il aura réussi à dépasser ou tout au moins identifier quels sont ses principaux freins, ses peurs de se tromper et/ou de ne pas être à la hauteur.

Le fait de connaître ses limites et d'oser sortir de sa zone de confort permet d'avoir le champ libre pour affirmer notre personnalité vocale.

Le coaché exprime totalement, enfin, qui il est !

Reprendre confiance en soi

Nous allons prendre l'exemple de Mathilde, chargée de mission au sein d'un service marketing grands comptes. L'objectif de Mathilde est véritablement de s'affirmer vocalement.

La demande est initiée par son N+1 qui la trouve trop timide, pas assez convaincante lors des réunions. Elle est trop en retrait face aux managers du groupe. Mathilde me dit être d'autant plus mal à l'aise lorsqu'elle coanime avec lui, qu'il est lui-même excellent orateur, très fluide dans ses propos, il manie l'humour et captive ses troupes. Il a un fort charisme. Lorsque Mathilde prend la parole, elle a conscience qu'il ne la considère pas totalement « au niveau » et elle en perd tous ses moyens.

Aussi, la plupart du temps, à l'issue des réunions, elle s'inflige une autocritique négative et très sévère qui la décourage durablement. Par exemple, elle se fait le reproche de n'avoir exprimé que le minimum sur le sujet, alors qu'elle avait de très nombreuses idées à développer ou de questions à soulever. Elle se retient par timidité devant son N+1. Elle exprime le souhait d'être comme lui.

Par ailleurs, Mathilde entre dans la catégorie des « voix empêchées », celles que l'on n'a jamais pris la peine d'écouter plus jeunes. Alors s'affirmer publiquement librement s'apparente pour elle « à gravir une des faces de l'Everest ».

Au-delà des exercices de mise en pratique vocale, l'accompagnement de Mathilde a surtout été axé sur un travail de fond, de « re-mise » en confiance avec elle-même. Il lui fallait comprendre et admettre que tout ce qu'elle exprimait était important pour son auditoire, que lorsqu'elle prenait la parole elle informait son public et que, oui, elle pouvait être contestée ou questionnée mais que cela ne remettrait pas en question pour autant qui elle était.

Prise de conscience

À un moment donné du coaching a surgi le fait qu'elle ne se trouvait pas légitime pour ce poste, se trouvant trop jeune pour occuper cette fonction. Et quand je lui ai demandé si c'était ce qu'elle pensait réellement, elle m'a avoué que non, mais qu'elle avait fait siennes les réflexions qu'elle entendait régulièrement et ouvertement de la part de ses collègues : « Tu n'es pas un peu jeune pour toutes ces responsabilités ? » ou encore « Il y a longtemps que je suis ici et j'ai plus d'expérience que toi. »

Nous avons donc travaillé sur des exercices d'affirmation : savoir dire non, passer un message, ne plus se laisser impressionner pas son patron et, surtout, oser prendre sa place. Elle y a droit…

Des exercices de chant lui ont permis d'une part de sortir sa voix en termes de volume, de puissance, d'amener l'équilibre entre ses graves et ses aigus, mais également de repérer toutes ses sources de blocage qui l'empêchaient de dire ce qu'elle pense et d'être pleinement, tout simplement.

Mathilde y est vite parvenue. Il y a eu en elle une forme de déclic et elle a alors tout mis en œuvre pour réussir ce défi.

La fréquence des réunions (hebdomadaires) me permettait de l'encourager à s'exercer et à pratiquer au maximum, à un rythme assez soutenu, à appliquer ces nouveaux enseignements à l'ensemble des situations qu'elle rencontrait, qu'elles soient à fort ou à petit enjeu, afin d'acquérir une sorte d'automatisme. Ces applications en direct l'ont véritablement aidée à très vite se dépasser.

Bien sûr, aujourd'hui, tout n'est pas définitivement enrayé en termes de blocages et de doutes au moment des prises de parole, mais Mathilde a réussi à les repérer et à les contourner de façon que cela n'empiète pas sur ses interventions, au sujet desquelles elle avoue être très à l'aise aujourd'hui.

Dorénavant, comme je le lui ai suggéré, elle prépare systématiquement toutes les interventions avec son N+1. Là encore, elle constate un plus grand confort et trouve leur binôme bien plus équilibré.

Enfin, son N+1 a noté positivement ses avancées et l'encourage à persévérer. Sa nouvelle assurance lui garantit également un environnement plus paisible avec ses collègues.

Dire non, dire ses rêves et être à l'infini

Désormais, le coaché sait dire non, sait exprimer et formuler ses rêves, et il s'essaie à les vivre. À l'image d'un Cyrano…

Cette phase est aussi une phase d'humilité, pendant laquelle il lui faudra oser exposer sa vulnérabilité, démarche qui lui permettra de soulever l'épaisse couche de sédiments émotionnels qui ont masqué jusque-là l'authenticité de sa voix pour révéler celle-ci au grand jour.

On veut et on peut alors l'exposer, la mettre sur le devant de la scène ! Nous devenons visible et audible.

Nous nous affirmons alors par la voix, par le soi.

La parole murmurée

J'ai rencontré Marc, cadre dirigeant, au cours d'un séminaire de son comité de direction dans le cadre duquel j'intervenais sur le thème « Votre voix ensemble ». Synergie et cohésion d'équipe étaient donc ambitionnées et attendues. Le programme de cette journée passée ensemble se décomposait en trois étapes qui incluaient notamment un temps de passage en solo face au groupe en lisant un extrait de Cyrano de Bergerac. Il s'agissait d'un passage dans lequel Cyrano refuse tout ce qu'on lui propose de clinquant et de superficiel, pour, en fin de tirade, exposer ce qui lui tient réellement à cœur, à savoir, en l'occurrence : « Chanter, rêver, rire, passer, être seul, être libre… »

L'objectif de l'exercice était de scander les « non » de la première partie puis de bien effectuer la transition sur le désir, les souhaits véritables de Cyrano, dans la deuxième partie. Le premier passage était libre d'interprétation. Je guidais les suivants en fonction de la personnalité que je percevais.

Seulement voilà, dire non n'est pas si évident et encore moins face à son « boss » et à son équipe !

Marc passe parmi les premiers : c'est un quinquagénaire réservé, calme, posé, très gentil et, je l'apprendrai un peu plus tard, il ne se sent pas légitime à son poste car il n'a pas suivi un parcours similaire à celui de ses pairs. C'est un autodidacte. Dès l'écoute des premières phrases qu'il a prononcées, j'ai compris qu'il fallait que je le pousse à sortir sa voix, ses « non », voire à taper du pied ! Bien entendu, je devais faire preuve pour cela de tact et de délicatesse pour ne pas le braquer ou risquer de le mettre à mal à l'aise face à l'équipe. Je mets en effet un point d'honneur dans tous les accompagnements d'équipe à ce qu'ils soient effectués avec une grande bienveillance et surtout à ce qu'aucun élément ne puisse être utilisé ou instrumentalisé par un dirigeant N+ à l'encontre d'un coaché.

Oser prendre la parole

Je mets donc sciemment en avant ce que j'ai décelé de positif dans son jeu et lui propose d'aller plus loin, en étant celui que l'on va écouter, entendre. Qu'il claque les « non » et ne laisse à aucun moment le public le couper dans son élan…

Et, lors de ce deuxième passage, dynamisé et comme galvanisé, Marc s'est surpassé et s'est surpris lui-même à la fois par son assurance et par la jubilation qu'il affichait.

Il nous a bouleversés par l'authenticité de son interprétation, par sa justesse vocale, par la force d'une voix habilement dosée qui traduisait, tout en la canalisant, une explosion d'émotions, de celles que l'on imagine retenues depuis fort longtemps.

Les applaudissements spontanés et les bravos fusent à l'issue de sa représentation. Je ressens Marc extrêmement bouleversé, heureux et surtout libéré. D'ailleurs, ce seront ses premiers mots : « Waouh, je suis tellement heureux et si libre ! Jamais je n'aurais pu penser m'exprimer comme ça devant vous ! »

Affirmer sa voix, c'est véritablement garantir sa faculté à exprimer qui l'on est, ce que l'on ressent, ce que l'on désire et ce que l'on refuse. C'est aussi, il faut en prendre conscience également, prendre le risque de s'opposer, d'être « jugé », d'être repéré, ce qui représente un défi à surmonter pour les personnes qui veulent « dire » sans se faire remarquer…

Cet acte de déclaration de soi préserve l'équilibre de l'estime de soi et contribue à la consolider. Ici, Marc s'est affirmé face à son équipe sans perdre son énergie, ce qui est souvent l'écueil qui nous guette lorsqu'on se lance dans une lutte pour convaincre son auditoire. On s'époumone !

Au contraire, bien mieux que cela, Marc a osé prendre sa place, il a osé PRENDRE LA PAROLE !

À la suite de ce séminaire, Marc a souhaité entreprendre un coaching vocal individuel pour aller plus loin avec sa voix et consolider sa « découverte vocale ».

Exercice 19 : Déclamer *Cyrano de Bergerac*

Rien de mieux, pour oser dire non, de déclamer cette tirade de *Cyrano de Bergerac* (acte II, scène 8), d'Edmond Rostand ! Allez-y !

« *Et que faudrait-il faire ?*
Chercher un protecteur puissant, prendre un patron,
Et comme un lierre obscur qui circonvient un tronc
Et s'en fait un tuteur en lui léchant l'écorce,
Grimper par ruse au lieu de s'élever par force ?
Non, merci !
Dédier, comme tous ils le font,
Des vers aux financiers ? se changer en bouffon
Dans l'espoir vil de voir, aux lèvres d'un ministre,
Naître un sourire, enfin, qui ne soit pas sinistre ?
Non, merci !
Déjeuner, chaque jour, d'un crapaud ?
Avoir un ventre usé par la marche ? une peau
Qui plus vite, à l'endroit des genoux, devient sale ?
Exécuter des tours de souplesse dorsale ?...
Non, merci !
D'une main flatter la chèvre au cou
Cependant que, de l'autre, on arrose le chou,
Et donneur de séné par désir de rhubarbe,
Avoir son encensoir, toujours, dans quelque barbe ?
Non, merci !
Se pousser de giron en giron,
Devenir un petit grand homme dans un rond,
Et naviguer, avec des madrigaux pour rames,
Et dans ses voiles des soupirs de vieilles dames ?
Non, merci !
Chez le bon éditeur de Sercy
Faire éditer ses vers en payant ? Non, merci !
S'aller faire nommer pape par les conciles
Que dans les cabarets tiennent des imbéciles ?
Non, merci !

Travailler à se construire un nom
Sur un sonnet, au lieu d'en faire d'autres ? Non,
Merci !
Ne découvrir du talent qu'aux mazettes ?
Être terrorisé par de vagues gazettes,
Et se dire sans cesse : "Oh, pourvu que je sois
Dans les petits papiers du Mercure François ?"...
Non, merci !
Calculer, avoir peur, être blême,
Préférer faire une visite qu'un poème,
Rédiger des placets, se faire présenter ?
Non, merci ! non, merci ! non, merci !
Mais... chanter,
Rêver, rire, passer, être seul, être libre,
Avoir l'œil qui regarde bien, la voix qui vibre,
Mettre, quand il vous plaît, son feutre de travers,
Pour un oui, pour un non, se battre, – ou faire un vers !
Travailler sans souci de gloire ou de fortune,
À tel voyage, auquel on pense, dans la lune !
N'écrire jamais rien qui de soi ne sortît,
Et modeste d'ailleurs, se dire : mon petit,
Sois satisfait des fleurs, des fruits, même des feuilles,
Si c'est dans ton jardin à toi que tu les cueilles !
Puis, s'il advient d'un peu triompher, par hasard,
Ne pas être obligé d'en rien rendre à César,
Vis-à-vis de soi-même en garder le mérite,
Bref, dédaignant d'être le lierre parasite,
Lors même qu'on n'est pas le chêne ou le tilleul,
Ne pas monter bien haut, peut-être, mais tout seul ! »

Tout est intention

> *« Les voix ont un pouvoir étrange sur les mots. Une seule intonation sur une syllabe et tout change. »*
>
> Claire France[16]

Si je devais la définir, je dirais que l'intention est une action de la volonté par laquelle on fixe le but d'une activité ou encore la motivation qui conduit à intervenir. Que l'on se propose d'atteindre.

L'intention permet aussi de formuler une demande.

Qu'est-ce que je veux transmettre ? Qu'est-ce que je souhaite que l'on retienne de ce que j'exprime dans mes interventions ?

Ici, l'important est de comprendre la valeur de l'intention que l'on choisit de mettre dans toute communication délivrée. Tout le secret est là !

Sans intention claire de la part de l'intervenant, le discours peut retomber comme un soufflé ! Des intentions à chaque fois bien précises et bien définies serviront de fil rouge à l'interprétation, à l'exécution de notre présentation.

Les bonnes questions à se poser *:*

- Au-delà du sens du message, s'il n'y avait qu'une chose à retenir, laquelle serait-ce ?
- Que ce soit une chanson, un texte, une feuille de route… quelle est mon intention ?
- Dans mon chant, mon jeu d'acteur, quelle émotion est-ce que je cherche à soulever chez mon auditoire ?

J'ai eu l'occasion de coacher Nathalie, chargée de projet, qui, aujourd'hui, prépare toutes ses interventions à l'aune des

16. Claire France, *Autour de toi, Tristan,* Flammarion, 1993.

intentions qu'elle prend soin de bien déterminer en amont de chaque présentation. Nathalie a vraiment mesuré l'importance de connaître l'intention avec laquelle elle souhaite aborder ses interventions. Pour être plus précise, nous avons travaillé en amont quelques-unes de ses présentations. Chaque fois, mes questions étaient les mêmes :

- Qui sera votre public : votre équipe ? le comité directeur ? un public extérieur d'experts ? des élus ? tous publics ?
- Quel est votre enjeu ?
- Avec quelle intention y allez-vous ? Qu'aimeriez-vous que votre public se dise à l'issue de votre présentation ? Qu'allez-vous mettre en place pour l'obtenir ?

Et ainsi de suite. Aujourd'hui, Nathalie se pose ces questions toute seule.

Tout comme Antoine, un autre coaché, qui a véritablement métamorphosé la présentation de tous ses dossiers en ciblant parfaitement ses intentions, ce qui lui permet à chaque fois d'atteindre les buts qu'il s'est fixés et d'obtenir les résultats qu'il voulait.

Tout est destination

« *L'intuition est la grande voix de l'inconnu vers lequel nous pousse notre destinée*[17]. »

Minou Petrowski

Un voyage, un chemin que l'on entame avec soi. Arriver là où on le souhaite … « J'ai la voix que je voulais », tout en continuant d'évoluer, de se former… « Je pose enfin ma voix

17. Minou Petrowski, *Le Passage*, Cercle du livre de France, 1966.

quelque part ! » L'expérience vocale vous apportera la force et la confiance d'être vous.

Prenons pour exemple Alexandre, coach international basé à Miami. Il souhaitait suivre un coaching vocal afin de gagner en performance et d'être moins fatigué par les enregistrements de ses nombreuses vidéos. Il a en effet plus d'un million de vues chaque mois, et plus de 125 000 abonnés à sa chaîne... En outre, il émet le souhait qui lui est cher d'avoir « une plus belle voix ». Il me dit avoir souvent des retours sur sa voix qualifiée d'« aiguë ». Il la voudrait plus grave.

Nous travaillons une première fois de visu lors d'une de ses venues à Paris, où il doit s'exprimer lors d'une conférence. L'objectif est qu'il reparte à l'issue de cette séance avec une petite batterie d'exercices à effectuer facilement.

Nous faisons le parcours de base et des vocalises que j'axe sur les médium-graves. J'avoue qu'il est difficile dès cette première séance d'envisager que sa voix chante les graves d'un baryton basse ! C'est la première fois qu'il chante et il m'avait prévenu que les vocalises lui semblaient a priori un exercice très compliqué... Mais Alexandre est déterminé et il comprend et assimile bien la technique, ce qui est important pour la suite.

Alexandre est extrêmement travailleur ! C'est un compétiteur dans l'âme. Ancien champion de basket professionnel, il a le goût de l'effort... Et, de fait, il s'exerce assidûment avec une grande régularité ! Et je suis agréablement surprise lorsque je le retrouve une seconde fois, cette fois-ci *via* Skype.

Grâce aux exercices enregistrés que je lui ai adressés, « mon élève obstiné » réussit l'exploit de faire évoluer sa voix très rapidement ! Et voilà ce qu'il m'écrit quelques mois plus tard :

Alexandre, coach international

« Tes exercices sont une vraie source d'épanouissement personnel et vocal ! Je travaille au quotidien mes exercices et je m'améliore chaque jour. Mes vidéos et conférences plaisent, je reçois de nombreux compliments sur le ton de ma voix et surtout sur mon expression vocale en général : mes messages sont clairs, précis et harmonieux. Bref, que du bonheur ! Je viens là de réaliser une conférence pour des entrepreneurs (300 personnes) et on m'a dit au moins vingt fois : "Tu as une voix formidable, faite pour la télé, captivante !" Je suis trop heureux ! »

Alexandre est aujourd'hui bien dans sa voix et avance avec assurance sur le chemin à destination de la voix qu'il souhaite.

Exercice 20 : Les vocalises « Ma Me Mi Mo Mu »

Cet exercice de vocalises consiste à amener le chant de chaque syllabe au même niveau. Justesse, régularité et articulé des voyelles sont attendus sur cet exercice. Il se travaille du médium à l'aigu puis du médium au grave.

https://www.editions-eyrolles.com/go/trouver_sa_voix_piste09

L'essentiel à retenir

Le fait de connaître ses limites et d'oser sortir de sa zone de confort permet d'avoir le champ libre pour affirmer notre personnalité vocale.

Trouver sa personnalité vocale, c'est affirmer sa voix : exprimer qui l'on est, ce que l'on ressent, ce que l'on désire et ce que l'on refuse. Par là même, nous nous exposons. Nous prenons le risque d'être jugé, repéré, ce qui pour certains peut se révéler un peu angoissant.

Pour bien prononcer un discours, il peut être utile de définir notre intention. Quel message, quel émotion veut-on faire passer ?

CHAPITRE 9

LE COACHING VOCAL, UNE HISTOIRE D'ANCRAGES SONORES

« La voix est la musique de l'âme[18]*. »*

Barbara

Au programme :

- **Tout est plaisir**
- **Tout est voix sacrée**

Tout est plaisir

Aimer sa voix et la cultiver

Lorsqu'on travaille sa voix, en premier lieu, on ne recherche pas l'efficacité mais le plaisir, c'est-à-dire un phénomène sensoriel.

Le coaché trouve ou retrouve le bonheur simple de donner « de soi à soi » par la voix. Il se rend compte combien il est plaisant et amusant de prendre la parole, « sa » parole. À quel point il

18. Barbara, *Il était un piano noir*, Fayard, 1998.

est grisant de s'affirmer et combien c'est l'évidence même de s'écouter.

Aimer sa voix et la cultiver comme un jardin avec ses secrets, avec pour petites graines plantées ces petites formules des « anciens ». Ces petits trucs que l'on se transmet de génération en génération, qui fonctionnent et que l'on fait siens. Et ce, pour le bien-être que nous procure une voix entretenue et soignée. Et comme pour toute activité, qu'elle soit artistique, culinaire, sportive ou participant tout simplement de l'entretien bienveillant d'un certain art de vivre, se faire la promesse de s'y tenir, et que, oui, nous allons bien prendre soin d'elle.

Ce qui est formidable, c'est qu'on peut cultiver sa voix et l'enrichir facilement, avec un seul exercice : je me souviens d'un de mes professeurs de chant qui m'a fait faire la même vocalise pendant une année…

Les témoignages recueillis quelques années après le démontrent. Les anciens coachés cultivent et prennent soin de leur voix chacun à leur façon. Ils préparent leurs interventions et s'écoutent attentivement en pratiquant des exercices qu'ils choisissent et qui leur vont bien.

- Bruno : « Je pratique les exercices de respiration qui, pour la plupart, sont à présent intégrés et gérés naturellement. » (Piste 6.)
- Capucine : « Moi aussi ce sont les exercices sur la respiration. Cela me calme et me fait penser à autre chose qu'aux regards de l'auditoire. » (Pistes 6 et 6 bis.)
- Jean-Paul : « Moi, je pratique les exercices de chuchotements placés sur les deux premières phrases de mon texte avant chaque prise de micro lors d'une intervention en public. » (Voir ci-après.)
- Anne : « J'essaie de me détacher de la pollution affective de l'environnement professionnel (le sentiment d'injustice,

l'envie de reconnaissance) pour aller vers plus de sérénité. Le truc : j'écoute ma petite voix intérieure. »

- Julien : « Ce que j'applique toujours, ce sont : le massage du larynx [piste 3], les "titititititititi" pour chauffer la voix [piste 5] et Monsieur Culbuto [piste 7]. »
- Émilie : « À chaque fois que j'ai une prise de parole *one to one* ou face aux équipes, je travaille ma posture [piste 1], ma voix vibratoire [piste 8] et ma respiration [piste 6]. Tout cela m'aide beaucoup à rester calme et posée. »
- Marie-Josée : « Ce que je mets en œuvre régulièrement ? Savoir respirer lors des interventions, savoir prendre son temps et faire des pauses lors d'un dialogue. »
- Florence : « Je fais des petits exercices simples avant certaines prises de parole comme les chuchotements, le massage du larynx [piste 3] et quelques vocalises sous la douche. » [Pistes 9, 10 et 11.)

Aimer sa voix est, selon moi, l'objectif principal que doit atteindre dans un premier temps le coaché. Et c'est souvent le cas à ce stade de la démarche.

Ils expriment qu'ils aiment leur voix. C'est la condition essentielle et le déclencheur qui va leur permettre par la suite d'avoir envie de s'occuper d'elle et de prendre soin d'elle, avec ce corollaire quasi automatique qu'ils vont aussi davantage s'occuper d'eux et prendre du temps pour eux.

Aussi, parlez pour vous rendre heureux et non pour impressionner les autres !

Aimer donner de sa voix

Aimer donner de sa voix est un autre plaisir que le coaché parvient à atteindre. Par exemple, se sentir bien sur une scène ou face à un public de pairs en séminaire et goûter à la joie de transmettre.

Donner de soi aux autres par la voix… Cette dimension du don et du partage se vit aussi bien par la voix parlée que par la voix chantée, car ce sont des sensations équivalentes qui vont être ressenties à un moment donné.

Pour autant, cela n'ôte pas le trac ou les petits stress que l'on peut avoir en début d'intervention mais pendant lequel une autre sensation plus forte nous envahit : l'envie de transmettre quelque chose. Et même si nous ne savons pas comment cela sera accueilli par le public, nous n'appréhendons plus cet inconnu.

Aimer donner de sa voix part de ce désir de partager et de donner quelque chose de soi. C'est accepter de s'exposer au travers d'une opinion exprimée ou d'une émotion chantée. Tout de soi sera visible, audible et palpable.

On donne tout de soi dans l'instant. C'est d'ailleurs ce qui me touche toujours : une personne qui y va « avec ses tripes ».

Aimer donner de soi avec humilité, lucidité et plaisir. Quel beau cocktail à savourer !

Pour conclure, lorsque nous parvenons à aimer donner de notre voix, c'est que nous sommes passé par un état de réconciliation avec nous-même et que nos complexes sont atténués, voire ont disparu pour certains. Nous sommes désormais légitime. Nous nous reconnaissons.

Tout est voix sacrée

« La voix est ce qui ressemble le plus à l'âme[19]*. »*

Roger Mondoloni

La musique « vocale » rend humain. Elle permet de toucher l'indicible et surtout de le partager.

Votre voix est précieuse

Quel beau constat que celui de s'apercevoir que, invariablement, notre voix suit elle aussi les quatre saisons, avec ou sans Vivaldi ! En fonction de ces variations, de ces changements profonds et répétitifs qui s'opèrent dans la nature, notre voix en profite à chaque fois pour se sculpter, se polir, tout au long de notre vie, pour devenir un joyau ciselé au rythme de notre vécu, de notre histoire de vie… Votre voix raconte et racontera tout cela.

Prenez soin de vous

Avant de partir, il est primordial de suspendre le temps pour un ancrage final. Moment crucial de la fin d'un coaching vocal… Le coaché doit remplir sa besace.

L'ancrage cadeau

Et si vous l'enregistriez, cette fameuse voix ? C'est déjà quelque chose que les coachés peuvent expérimenter et vivre au cours du coaching avec « Radio Virginie Servaes ». Se dire au revoir en le célébrant… Et pourquoi pas s'offrir un duo ?

19. Roger Mondoloni, *L'aube du temps qui vient*, Pierre Tisseyre, 1989.

La nuance, d'importance dans ce cas, c'est qu'il s'agit du cadeau de fin de parcours. Les coachés vont vivre l'aventure du vrai studio d'enregistrement avec des ingénieurs du son et, à la différence de ce qu'ils travaillaient avec moi de manière plus dirigée, je leur demande ici une implication plus personnelle. Ils vont devoir choisir des textes qu'ils aiment, des chansons, des poèmes. Ils vont les poser, les dire et définir à qui ils adresseront cet enregistrement.

Ce cadeau regroupe et retrace toutes les éclosions qu'ils ont vécues.

Nous fixons dans le temps cette évolution vocale.

Repartir avec cet objet ancre dans le concret, le tangible, tout ce que ce travail a représenté pour eux d'efforts, de dépassements, de découvertes d'eux-mêmes. Le tout, sous le credo de la confiance qui s'est développée tout du long.

Que retiennent les coachés de leur coaching vocal ?

- Maryline, formatrice : « Maintenant, je prépare mes interventions orales (script clair, concentration, relaxation, préparation de la voix, sourires). »
- Laura, aide à domicile : « Grâce au coaching vocal, j'ai une bonne respiration pour gérer le stress et je pratique les vocalises pour chauffer ma voix. »
- Capucine, étudiante : « Le point qui m'a le plus aidée est sans hésiter le soutien permanent et quotidien de Virginie. Je n'étais pas dans la meilleure période qui soit et aller voir Virginie une heure transformait ma journée. Le deuxième point qui m'a aidée est l'enregistrement de ma voix ; en effet, nous n'entendons pas notre voix de la même manière que les personnes qui nous écoutent. Le fait de savoir comment les autres l'entendent m'a permis de voir à quel point j'étais tendue, ce que je ne voulais pas. Donc, avec l'aide de Virginie, j'ai appris à poser ma voix, à me détendre et ainsi à

mieux aimer ce que j'entendais. Ce coaching m'a permis de reprendre confiance en moi et d'oser m'adresser à un groupe de personnes sans perdre mes moyens. Si je devais expliquer à quelqu'un pourquoi le coaching vocal est génial, je lui dirais : "Vas-y, n'hésite pas, ça m'a changé la vie, tout le monde devrait avoir une Virginie !" Son aide n'est pas qu'un simple coaching vocal, c'est d'abord une solidification de ce qu'elle décèle en nous de fragilités, ce qui se révèle indispensable à notre bien-être. Je le recommanderais à toutes les personnes timides, mal dans leur peau, se posant des questions, et bien d'autres encore… Vous verrez, vous en sortirez transformé. »

- Jacques, directeur de ressources humaines : « C'est une excellente expérience qui permet d'apprendre à respirer, à donner l'intonation adéquate et surtout à se mettre en condition par de tout petits exercices qui vous placent la voix et qui vous donnent dès la première phrase l'assurance, la puissance vocale et par conséquent l'écoute immédiate de l'auditoire. Suivre un coaching vocal, c'est l'art de démultiplier ses facultés vocales tout en restant soi. »
- Benoît, directeur : « J'ai une meilleure maîtrise de ma voix, notamment lors de présentations ou de rencontres importantes, Et une connaissance des différentes bonnes pratiques pour bien se préparer aux rendez-vous ou aux interventions importants. »
- Alexandre, coach international : « Le coaching vocal m'a permis de me dédier des moments pour prendre du recul sur les événements et progresser sur ma façon de préparer et de piloter les interventions à enjeux. »

L'unique personne qui vous accompagne toute votre vie, c'est vous-même. Alors prenez soin de vous ! N'oubliez pas, votre voix est magnifique et s'accorde au chant de l'univers.

Transmettez le sacré, formez-le, partagez-le et répandez-le.

Exercice 21 : Chanter !

Choisissez un morceau à chanter, celui dont vous rêvez ! Et passez le cap… de la voix !

L'essentiel à retenir

Lorsque nous travaillons notre voix, nous nous rendons compte combien il est plaisant de prendre la parole, de s'affirmer. Dès lors, même si un léger trac peut nous assaillir avant de prendre la parole, nous ne sommes plus si intimidé par l'idée de monter sur scène et de parler ou chanter face à un public. Nous nous sommes réconcilié avec nous-même et nous sentons légitime à prendre la parole.

ÉPILOGUE

Ce livre raconte l'histoire de coachés. Plusieurs histoires, qui, en définitive, pourraient n'être le récit que d'une seule et même expérience humaine en laquelle chacun de nous peut se reconnaître… Car ces belles aventures humaines nous interpellent et nous parlent, en résonance avec nos différentes étapes de vie.

J'ai voulu que toutes les parties et chapitres de ce livre s'articulent et fassent sens, à la manière du jeu d'un musicien batteur : jouer de la batterie exige de savoir jouer un son rythmé différent, pour chaque main, chaque pied, et pourtant ne former qu'un. Ils sont indispensables l'un à l'autre, les uns aux autres…

Il faut créer des enchaînements, des passerelles, des allers et retours et surtout aller à l'essentiel de soi et de sa voix avant d'aller « tenter » de toucher, d'émouvoir, de « secouer » les autres…

Ce livre, c'est vous, c'est moi, c'est nous…

Tout comme vous, je me livre sans détours, dans un élan sincère qui nourrit cette relation d'échanges, entre coach et coaché, et grâce auquel il ne peut pas y avoir de fausseté et de faux-semblants. Alors la voix authentique et juste peut jaillir…

Tout simplement, merci.

REMERCIEMENTS

Ce sont mes coachés qui m'inspirent… Ils sont ma voix, ma force, ma foi…

Ils sont ce qui fait que, pour moi, chaque jour est un cadeau à découvrir ! L'homme est un être plein de ressources, il a mille et une histoires merveilleuses à « se » révéler, à « se » conter.

Je donne à voir ici le plus fidèlement possible ces personnes fabuleuses, ce qu'elles ont été tout au long de ces accompagnements aussi riches que variés.

Je donne à entendre le chant des belles notes qu'elles m'ont livrées, parfois lasses ou résignées, parfois muettes ou envolées, rêveuses, pleines de désirs et d'éclats de rire…

Alors, de tout mon cœur, je veux ici leur chanter mes innombrables mercis et leur rendre humblement hommage.

À mon amie Sonia Braham, pour ses relectures nombreuses et précieuses de cet ouvrage… Belle « arrangeuse de mots », mille mercis pour ce temps de duo sacré.

Un million de mercis entonnés tout particulièrement à ma fille Amandine, qui aura suivi et accompagné chacun de mes essais et chacune de mes inventions, et soutenu positivement tous mes projets.

Et des mercis en brassée…

À Marine, Cindy, Aurore et Laura pour m'avoir permis ce premier pas d'écriture.

À Agnès, mon éditrice, et à Élodie, son assistante, pour leur confiance, leurs judicieux conseils et toutes les suites à venir.

À vous, mes amis, pour toutes les soirées « live » et votre soutien infaillible.

À ma maman pour les silences d'or nécessaires pour que tout cela émerge.

À vous, lecteurs, qui prenez le temps de cette découverte.

BIBLIOGRAPHIE

Yves Ormezzano, *Le Guide de la voix*, Odile Jacob, 2000

Marie-Jo Cardinale, Annie Durieux, Anne Vasseur-Gilbert et Françoise Mure, *Bien dans ma voix, bien dans ma vie : la psychophonie, une thérapie vocale*, Le Courrier du Livre, 2004

Marie-Louise Aucher, *L'Homme sonore*, Hommes et Groupes, 2003

Jean Abitbol, *L'Odyssée de la voix*, Flammarion, 2013

Édith Lecourt, *La musicothérapie* : *une synthèse d'introduction et de référence pour découvrir les vertus thérapeutiques de la musique*, Eyrolles, 2014

Hervé Pata, *Le Grand Livre de la technique vocale : voix parlée et voix chantée*, Eyrolles, 2014

TABLE DES EXERCICES

Ce livre propose des exercices disponibles en fichiers audio. Pour télécharger ces contenus, flashez ce code.

http://www.editions-eyrolles.com/dl/56799

Mention légale : le service de téléchargement proposé ci-dessus est délivré à titre gratuit. Les émetteurs se réservent le droit de retirer ou de modifier cette possibilité sans préavis et en cas d'utilisations qui s'avéreraient sans commune mesure avec les ventes du livre. Les documents à télécharger restent la propriété de l'auteur et de l'éditeur qui les mettent à la disposition du lecteur pour son usage personnel ; en retour, celui-ci s'engage à ne pas les diffuser et à ne pas en faire un usage commercial sans l'accord de l'auteur et de l'éditeur.

En cas de difficultés de téléchargement, veuillez écrire à l'adresse suivante : numerique@eyrolles.com

Dans la même collection

EYROLLES PRATIQUE
Paul-Henri Pion
LÂCHER PRISE
Se recentrer, prendre du recul
et VOIR LA VIE AUTREMENT
EYROLLES

EYROLLES PRATIQUE
Sarah Famery
SAVOIR ET OSER DIRE
NON
Pour bien s'affirmer en couple,
en famille, entre amis…
et retrouver une juste place
dans des RELATIONS
HARMONIEUSES
EYROLLES

EYROLLES PRATIQUE
Dr Éric Malbos • Rodolphe Oppenheimer
Pr Christophe Lançon
SE LIBÉRER DES
TROUBLES ANXIEUX
PAR LA RÉALITÉ VIRTUELLE
PSYCHOTHÉRAPIE pour traiter
les phobies, l'inquiétude chronique,
les TOC et la phobie sociale
EYROLLES

EYROLLES PRATIQUE
Christophe Carré
SORTIR
DES CONFLITS
Le conflit, c'est la vie ! Découvrez comment
COMMUNIQUER SANS VIOLENCE
et grandir dans le conflit.
EYROLLES

EYROLLES PRATIQUE
Sarah Famery
RÉUSSIR SES RELATIONS
Oser L'EMPATHIE pour communiquer avec AUTHENTICITÉ
EYROLLES

EYROLLES PRATIQUE
Chantal Higy-Lang • Charles Gellman
LA GESTALT-THÉRAPIE
Développer L'ART DU CONTACT pour créer des RELATIONS CONSTRUCTIVES
EYROLLES

EYROLLES PRATIQUE
Laurence Dujardin
HO'OPONOPONO
Une méthode SIMPLE ET EFFICACE pour SE LIBÉRER du poids de sa mémoire
Jeu de cartes détachable offert
EYROLLES

EYROLLES PRATIQUE
Sarah Famery
VIVRE SANS CULPABILISER
ACCUEILLIR SA CULPABILITÉ pour MIEUX S'EN LIBÉRER
EYROLLES

PEFC
10-31-2541
Certifié PEFC
Ce produit est issu de forêts gérées durablement et de sources contrôlées.
pefc-france.org

Achevé d'imprimer par Normandie Roto Impression s.a.s.
sur papier offset Amber Graphic120g
N° d'imprimeur : 1801705
Dépôt légal : mai 2018

Imprimé en France